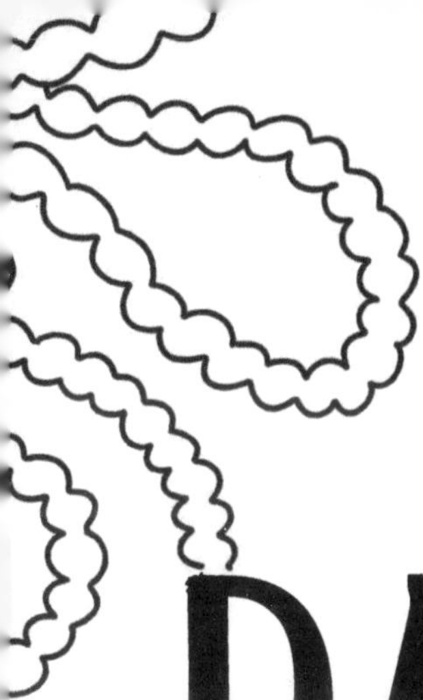

BAND 35
SOWAS!

ELISABETH ORGLER
SIGRUN EDER
VALERIE ECCLI

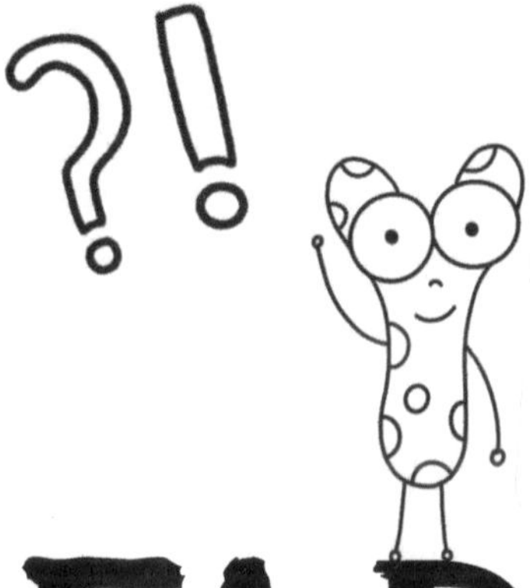

AF535885

DIE DARMHELDEN

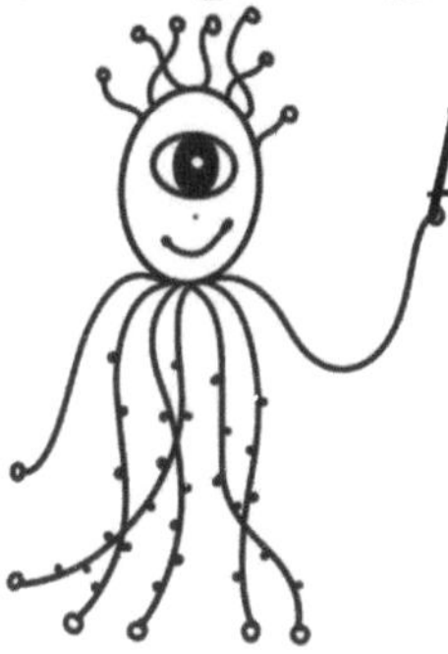

Bibliografische Information der Deutschen Nationalbibliothek
Die Deutsche Nationalbibliothek verzeichnet diese Publikation in der Deutschen Nationalbibliografie; detaillierte bibliografische Daten sind im Internet über http://dnb.d-nb.de abrufbar.

Besonderer Hinweis

Das Werk einschließlich aller seiner Teile ist urheberrechtlich geschützt. Jede Verwertung außerhalb der Bestimmungen des Urheberrechtsgesetzes ist ohne schriftliche Zustimmung des Verlags unzulässig und strafbar. Dies gilt insbesondere für Vervielfältigungen, Übersetzungen, Mikroverfilmungen und die Einspeicherung und Verarbeitung in elektronischen Systemen.

Das vorliegende Buch wurde sorgfältig erarbeitet. Dennoch erfolgen alle Angaben ohne Gewähr. Weder Autoren noch Verlag können für eventuelle Nachteile oder Schäden, die aus den im Buch vorliegenden Informationen resultieren, eine Haftung übernehmen. Eine Haftung der Autoren bzw. des Verlags und seiner Beauftragten für Personen-, Sach- und Vermögensschäden ist ebenfalls ausgeschlossen. Befragen Sie im Zweifelsfall bitte Ärzt:innen, Psycholog:innen oder Psychotherapeut:innen.

Markenschutz

Dieses Buch enthält eingetragene Warenzeichen, Handelsnamen und Gebrauchsmarken. Wenn diese nicht als solche gekennzeichnet sein sollten, so gelten trotzdem die entsprechenden Bestimmungen.

1. Auflage November 2023
© 2023 edition riedenburg
Verlagsanschrift Adolf-Bekk-Straße 13, 5020 Salzburg, Österreich
Internet www.editionriedenburg.at
E-Mail verlag@editionriedenburg.at

Fachliche Beratung Dr. med. univ. Nikolaus Gasche
Dipl.-Ing. Konstantin Khoss
Lektorat Dr. Heike Wolter, Dr. Caroline Oblasser
Satz und Layout edition riedenburg
Herstellung Books on Demand GmbH

ISBN 978-3-99082-145-9

Dieses Buch ist in einer verlagskonform geschlechtsneutralen Schreibweise verfasst und soll alle Menschen dieser Welt ansprechen.

Wir verstehen uns als Verlag für Diversität und Inklusion aller Persönlichkeiten, auch wenn in diesem Kinderbuch bestimmte stereotype Charaktere abgebildet sind.

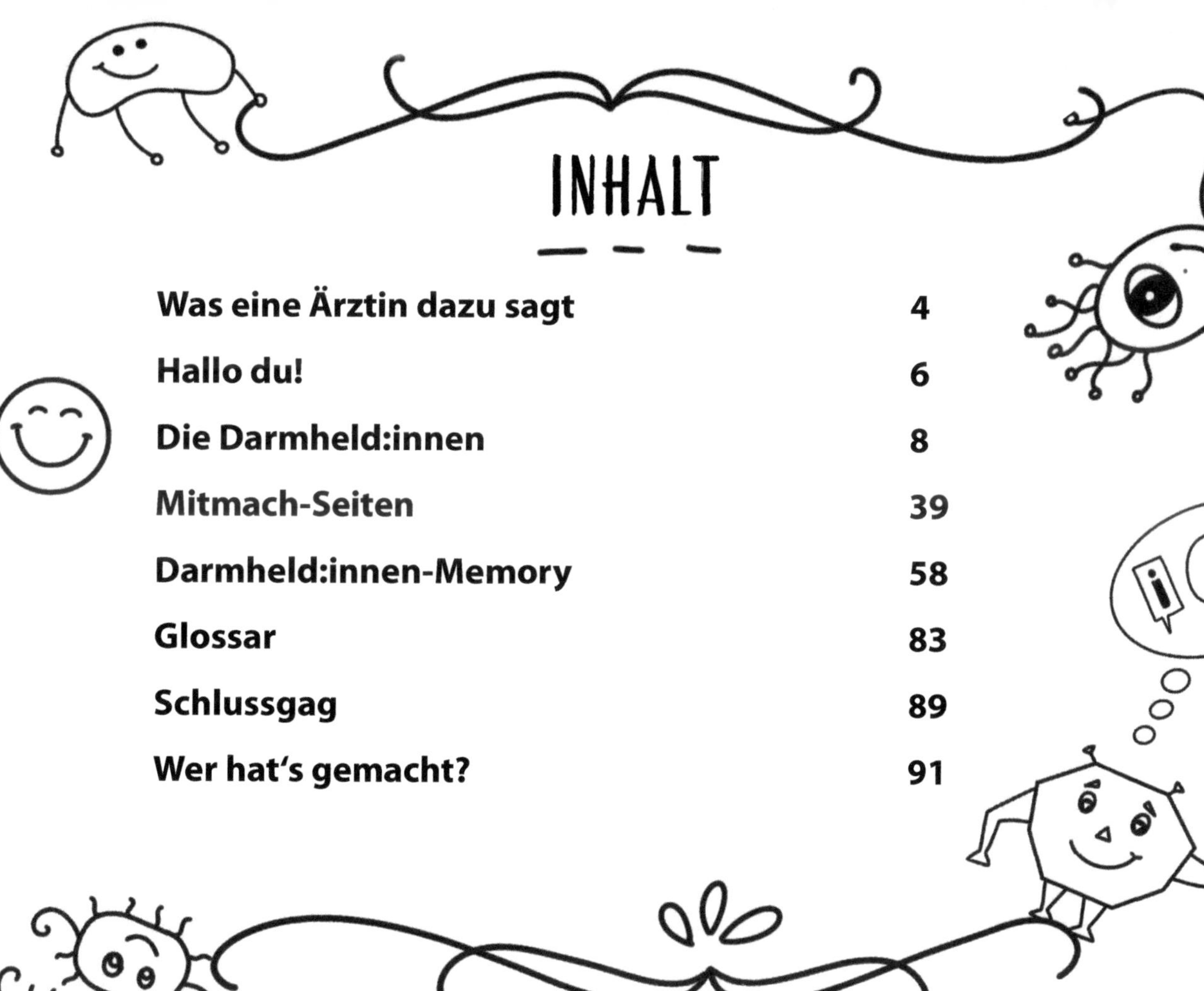

INHALT

Was eine Ärztin dazu sagt

Darmflora, Mikrobiom, Mikrobiota – was bedeuten diese Worte? Flora klingt nach Pflanzen, die im Bauch wachsen. Mikrobiota hört sich nach etwas sehr Kleinem an. Aber was soll man sich darunter vorstellen? Wachsen im Darm vielleicht kleine Bäume und Tiere, die gepflegt werden müssen? Diese Vorstellung ist gar nicht so verkehrt. Tatsächlich sind es nämlich unzählige Mikroorganismen wie Urbakterien, Bakterien, Pilze und Viren, die zusammen unsere Mikrobiota bilden.

Die Mikrobiota spielen eine wichtige Rolle in den verschiedensten Bereichen. Angefangen bei der Unterstützung der Verdauung, dem Trainieren des Immunsystems bis hin zur Regulierung des Geschmackssinns und der Beeinflussung unserer Stimmung – hier und in noch viel mehr Bereichen drehen die Mikroorganismen am Rad. Kein Wunder, dass an den Mikrobiota so viel geforscht wird!

Bakterien genießen bei uns einen relativ schlechten Ruf. Doch, wie wir im Buch zeigen, oft zu Unrecht. Ähnliches gilt für Pilze und Viren, die überraschenderweise ebenso Bestandteil unserer wertvollen Mikrobiota sind und positive Funktionen haben. Vielen Mikroorganismen werden dank medizinischer Studien positive und gesundheitsförderliche Eigenschaften zugeschrieben. Von anderen heißt es, sie hätten schädliche Wirkungen. Einige wenige können uns sogar krank machen.

Was ein gesundes Mikrobiom auszeichnet, lässt sich gar nicht so einfach beantworten. Wir wissen einfach noch zu wenig darüber. Worüber sich die Forscher:innen aber sicher sind, ist: Einzelne Bakterien machen ein Mikrobiom nicht gesund – viel mehr kommt es auf die Gesamtheit der Mikroorganismen an, die sich gegenseitig beeinflussen.

Zusammen wirken sie wie ein großes Ökosystem – genau wie die diverse Tier- und Pflanzenwelt im Regenwald des Amazonas! In diesem Kinderbuch wollen wir ein Bewusstsein dafür schaffen, dass unterschiedliche Arten von Mikroorganismen von Natur aus in unserem Verdauungssystem leben und ihre wichtigen Funktionen vermitteln. Gelegentlich haben wir dabei unserer Fantasie freien Lauf gelassen und den Mikroorganismen ein Eigenleben ermöglicht ...

Wer in diesem Buch die Darmheld:innen sind und wer ihnen übel zu schaffen macht, gilt es nun herauszufinden.

Viel Freude beim Lesen und Staunen wünscht

Dr. med. univ. Elisabeth Orgler

Hallo du!

Ich heiße Biffi Bifidobakterium und bin ein klitzekleines Bakterium. Weißt du eigentlich, was ein Bakterium ist? Wir Bakterien sind unglaublich winzig und kommen fast an jedem Ort dieser Welt vor: Am Sofa, auf dem großen Baum gegenüber und sogar in diesem Buch. Überall halten wir uns auf. Doch weil wir so ultraklein sind, kannst du uns Bakterien mit bloßem Auge gar nicht erkennen. Du brauchst dafür ein sogenanntes Mikroskop. Das ist ein Gerät, mit dem du die Dinge sehr stark vergrößern und dann sogar uns Bakterien sehen kannst.

Allein auf deiner Hand sitzen gerade Millionen unsichtbarer Bakterien. Die meisten von uns leben aber – wo denkst du? Genau: in deinem Bauch! Vielleicht hast du schon einmal mit meinen krankmachenden Verwandten zu tun gehabt. Zum Beispiel, als du zuletzt einen starken Durchfall hattest. Allerdings befindet sich dieser Teil meiner Verwandtschaft in der Minderzahl. Der Großteil von uns ist nämlich sehr nützlich für dich!

Ich selbst wohne normalerweise in deinem Dickdarm. Mein guter Ruf eilt mir voraus und in meiner Welt bin ich sogar ein echter Held! Zusammen mit meinen besten Freundinnen Candi Candida und Mica Microvirus halte ich deinen Darm gesund, denn auch in einem

gesunden Bauch gibt es oft einige Probleme zu lösen. Candi ist ein Pilz und Mica ein Virus – wir alle sind sogenannte Mikroorganismen. Diese beiden sind ein wenig enttäuscht darüber, dass man über mich, Biffi, so viel mehr weiß als über sie. Aber so ist das nun mal. Du kannst mir glauben, wir sind ein super Team. Gemeinsam sind wir Held:innen, genauer gesagt: die Darmheld:innen!

Ehrlich gesagt gibt es unzählige Darmheld:innen – also unglaublich viele Bakterien, Pilze und Viren in deinem Darm. Oft nennt man uns auch die Mikrobiota – aber natürlich ist Darmheld:innen der coolere Name!

In der folgenden Geschichte zeige ich dir, was wir alle den ganzen Tag für dich leisten. Hast du Lust auf eine spannende Entdeckungsreise ins Innere deiner Verdauung? Dann komm mit mir! Ich nehme dich mit auf ein echtes Abenteuer in deinem Körper, das du bestimmt nie mehr vergisst. Halt dich fest: Jetzt geht's los!

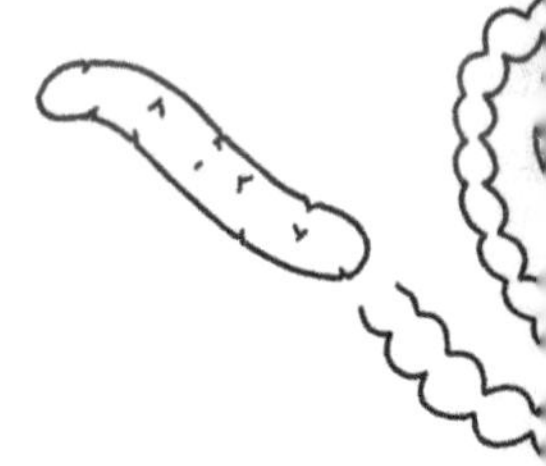

Viel Spaß wünscht dir

dein Biffi Bifidobakterium

Übrigens: Auf den Mitmach-Seiten im Anschluss an die Geschichte darfst du selbst ins Buch reinschreiben und zeichnen. Diese Seiten helfen dir dabei, deinen Körper und uns Darmheld:innen noch besser kennenzulernen. Schnapp dir schon mal deine Stifte und fang gleich an zu lesen.

Es ist kurz nach 17 Uhr. Mona greift noch ein letztes Mal in das begehrte Glas mit den herrlich klebrig-süßen Gummischlangen. Sie weiß genau, dass die Geburtstagsfeier jederzeit vorbei sein kann, weil ihre Eltern sie abholen.

Bald platzt ihr Bauch vor lauter Pizza, Snacks und Süßkram. Wie viele der begehrten bunten Schlangen Mona schon herausgefischt hat? Zehn saftige Exemplare dürften es bestimmt gewesen sein. Wenn das die Eltern wüssten!

Gierig stopft sie sich ihre letzte Gummischlange in den Mund. Obwohl Mona es mit freiem Auge nicht sehen kann: Auf der Gummischlange hat sich ein klitzekleiner Beifahrer eingefunden.

Biffi Bifidobakterium ist eigentlich im Bauch, genauer gesagt im Darm zu Hause. Doch bei der wilden Party ist er irgendwo falsch abgebogen und mit einem Furz nach draußen gerutscht.

Tja, und ausgerechnet auf Monas allerletzter, grüner Gummischlange ist Biffi jetzt gelandet.

Hier draußen an der frischen Luft fühlt sich Biffi Bifidobakterium ziemlich unwohl. Es ist kalt und viel zu hell. Doch vor allem fehlen ihm zwei gute Freundinnen: Candi Candida und Mica Microvirus.

„Wie komme ich bloß wieder in den Darm zurück?", fragt sich Biffi Bifidobakterium und wackelt ungeduldig mit seinen Fühlern. Er will möglichst schnell wieder nach Hause.

Plötzlich macht die Gummischlange einen ordentlichen Ruck, sodass Biffi fast von ihr herunterfällt. Etwas Großes, Rotes bewegt sich auf Biffi zu.

„Ah, da kommt wohl ein Mund!", kombiniert Biffi blitzschnell. „Das ist mein Taxi zurück in den Darm", freut er sich.

Bereits im nächsten Moment schieben sich scharfe Schneidezähne direkt an ihm vorbei und der Mund verschlingt die ganze Schlange auf einen Happs.

„Wunderbar!", freut sich Biffi.

Kaum im Mund angekommen, muss Biffi Bifidobakterium achtgeben, nicht zerquetscht zu werden. Links und rechts, oben und unten gehen die Zähne auf und zu. Wie gefährlich!

Auf einmal schleudert die riesige Zunge Biffi so heftig herum, dass ihm ganz schwindelig wird. Es kommt sogar noch schlimmer: Die kräftigen Kaumuskeln drücken Biffi gegen zwei Backenzähne und verwandeln ihn beinahe selbst zu Brei! Im wirklich allerletzten Moment duckt er sich und fällt auf eine Geschmacksknospe.

Doch schon wenige Sekunden später kommt die nächste salzige Chips-Attacke auf ihn zugeflogen. Puff! Gerade noch rechtzeitig bewegt sich die Zunge und Biffi wird von der Geschmacksknospe in den Rachen katapultiert. „Glück gehabt“, ist Biffi erleichtert und atmet erst mal tief durch.

Er blickt sich um: Hier beginnt also die berühmte Speiseröhre. Die kennt er noch aus der Bakterienschule. Für Biffi sieht die Speiseröhre wie ein dunkler, gefährlicher Abgrund aus: „Du meine Güte! Da muss ich wohl runter, wenn ich wieder nach Hause will“, stellt Biffi nervös fest. Dann nimmt er all seinen Mut zusammen und springt in freiem Fall in die Finsternis.

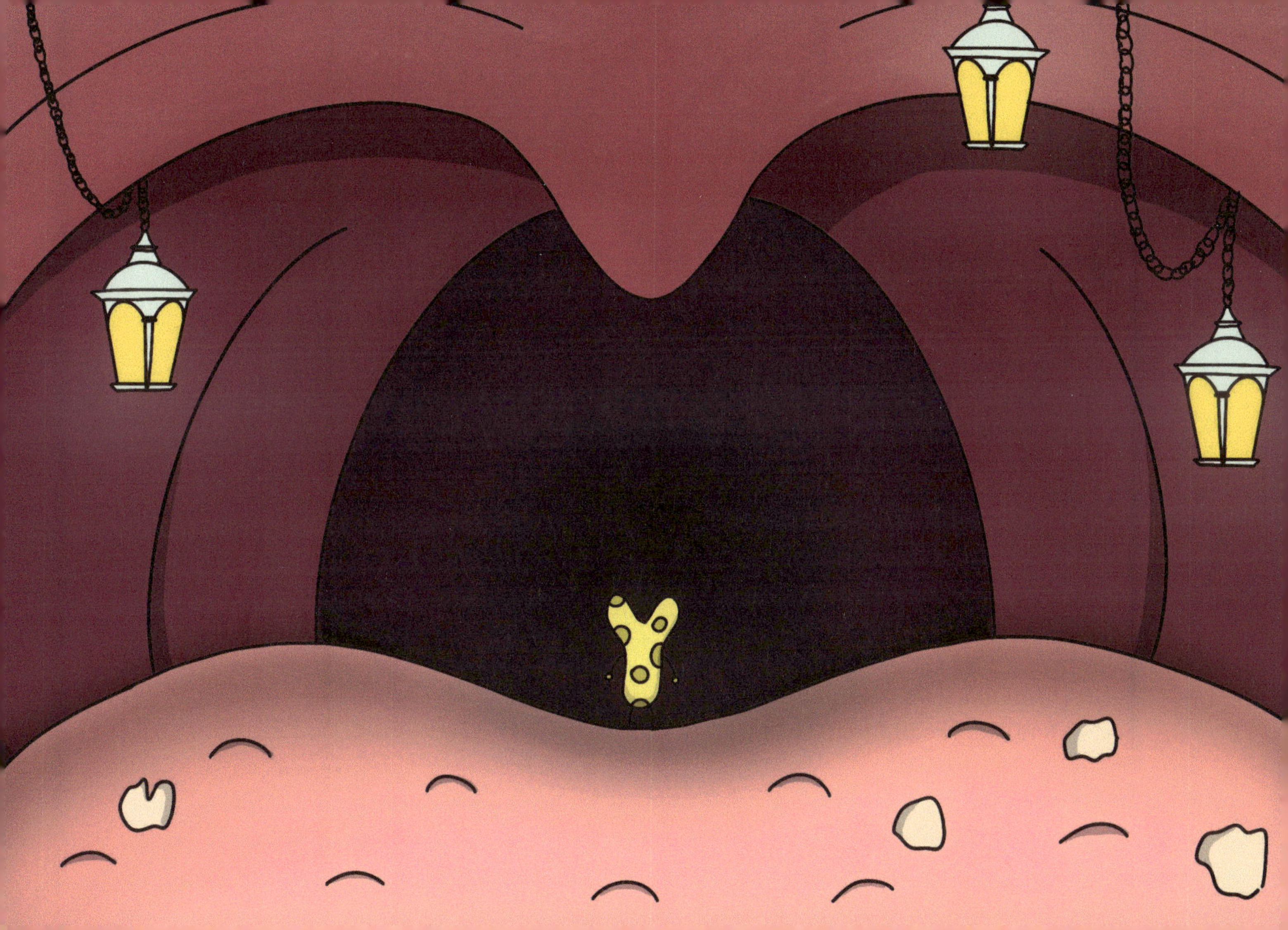

Eine gefühlte Ewigkeit rutscht Biffi Bifidobakterium durch die Speiseröhre, bis er in einem tiefen See landet. „Flatsch“ macht es, und Biffi versinkt.

Mit aller Kraft strampelt er sich zurück an die Oberfläche.

„Oje, Ich bin im Magensaft gelandet“, stellt er nach dem Auftauchen entgeistert fest. „Der ist ja viel zu sauer für meine dünne Bakterienhülle! Wenn ich hier nicht früh genug wieder rauskomme, löse ich mich komplett auf.“

So schnell er kann, krault Biffi Richtung Ufer. Die scharfe Magensäure greift seine empfindliche Hülle an und die Kräfte verlassen ihn zunehmend.

Tapfer strampelt er weiter, doch es reicht nicht, um an Land zu kommen. Der arme Biffi beginnt, in den Tiefen des Sees zu versinken.

Als er all seine Hoffnung verliert, wickelt sich plötzlich ein dünner Tentakel um Biffis Mitte und zieht ihn rasch an die Oberfläche.

Atemlos findet sich Biffi Bifidobakterium am Ufer des Sees wieder und erkennt, woher der rettende Tentakel kommt: „Candi, Mica, ihr wart das! Ihr habt mich gerettet! Ich danke euch“, japst Biffi komplett außer Atem.

„Wir würden dich doch nie im Stich lassen“, sagt Candi Candida ruhig. Als Pilz streckt Candi ihre vielen Tentakel von Natur aus ewig weit aus und konnte so auch Biffi im tiefen Magensäuresee erreichen. „Ohne Mica hätte ich dich bestimmt nicht aus dem tiefen See herausziehen können, Biffi“, fügt sie hinzu.

„Ich habe mich schon mächtig angestrengt, um euch beide zu halten“, sagt Mica Microvirus stolz. Mica ist zwar nur ein kleines Virus, sie hat dafür aber die Kraft von zehn Bakterien. Deswegen kann sie auch unglaubliche Lasten tragen und kommt sogar gegen einen heftigen Strom wie diesen an.

„Ihr seid die Besten!“, jubelt Biffi Bifidobakterium und die drei Darmheld:innen fallen sich erleichtert in die Arme.

„Was ist denn hier passiert? So viel Magensaft habe ich ja noch nie gesehen!“, wundert sich Biffi Bifidobakterium. Anstatt der normalerweise kleinen Lache ist der Großteil des Magens mit trübem Magensaft geradezu überschwemmt.

Der Magenausgang ist vor lauter Flüssigkeit kaum zu erkennen. Dort verrichtet Pförtner Pylorus seinen Dienst. Normalerweise läuft alles glatt. Doch was ist das?

„Übel! Im Magen-Pförtner steckt etwas fest und verstopft den Weg“, diagnostiziert Mica Microvirus. „Deshalb stauen sich hier die Partyreste und trüber Magensaft.“

„Aha, eine typische Geburtstags-Verstopfung“, überlegt Biffi, „was bedeutet das?“

„Dem Magen sind die ungesunden Schleckereien zu viel. Bestimmt merkt unser Kind Mona schon die unangenehmen Nachwirkungen von der langen Feier“, erklärt Mica Microvirus.

„Wir müssen rasch handeln, sonst läuft hier alles über und unser Kind bekommt heftiges Bauchweh!“, sagt Candi Candida entschlossen.

Die Zeit drängt, denn der Magensaft steigt wie ein Hochwasser unaufhaltsam. „Ich hab's!", ruft Biffi Bifidobakterium erleichtert und erklärt Candi Candida seinen Rettungsplan: „Candi, du wickelst deine Tentakel um mich, während ich zum Magenausgang schwimme. Was auch immer beim Pförtner Pylorus für Ärger sorgt, mit unserer gemeinsamen Kraft werden wir das Problem lösen."

Nachdem Candi zwei ihrer längsten Tentakel um Biffis Mitte gewickelt hat, nimmt dieser all seinen Mut zusammen und springt in den sauren See. Mica hält Candi mit ihrer ganzen Kraft fest, während Biffi zum Pförtner in die Tiefe taucht. Ein großer Haufen klebriger Gummischlangenreste hat sich gemeinsam mit den anderen Naschereien dort verfangen.

Ächzend zieht und zerrt Biffi daran. Als die Klebeverstopfung draußen ist, entsteht ein heftiger Strudel. „Biffi, halt durch, bis der Magensaft vollständig abgeflossen ist!", ruft Candi in Biffis Richtung.

Es funktioniert tatsächlich! Candi und Mica bringen den erschöpften Biffi wieder sicher an Land. „Du meine Güte! Ich erkenne hier die Reste von 15 bunten Gummischlangen!", stellt Candi entrüstet fest. „Das arme Kind", ruft Mica mitleidig.

Allmählich kehrt der aufgeblähte Magen des Kindes zu seiner normalen Form zurück. Biffi Bifidobakterium orientiert sich: Hinten, am Magenausgang, ist ein Tunnel zu sehen.

„Dort beginnt also der Dünndarm mit den zotteligen Zöttchen", erinnert sich Biffi an früher. „Das sind ja lustige Wischmopps!", zeigt sich Candi Candida vergnügt, als auch sie die Darmzotten entdeckt. „Diese länglichen Ausstülpungen der Darm-Schleimhaut braucht unser Kind, damit es alle Nährstoffe aus der Nahrung in seinen Körper aufnehmen kann und über sein Blut Energie bekommt", erklärt Biffi wie ein Lehrmeister.

Die vielen Millionen Darmzotten erschweren Biffi Bifidobakterium die Sicht in den Dünndarm. Doch seine Freundinnen sind voller Tatendrang. „Juhu, jetzt können wir uns endlich auf den Weg nach Hause in den Dickdarm machen!", freut sich Candi Candida.

„Auf geht's!", ruft Mica Microvirus. „Moment, nicht so hastig!", bremst Biffi Bifidobakterium die beiden ein. „Der Dünndarm ist wie ein Dschungel. Wir könnten uns darin verlaufen." „Ok, dann lasst uns lieber langsam miteinander gehen", sagt Candi Candida etwas verunsichert.

Geraume Zeit schon schieben sich die drei Darmheld:innen gegenseitig durch den dschungelartigen Dünndarm, als sie an einer Dünndarmschlinge jemanden verzweifelt schreien hören.

„Lactooo! Lactooo! Wo bist du?“

Die Rufe werden zunehmend lauter, und unvermittelt steht auf einmal ein kleines Bakterium vor ihnen.

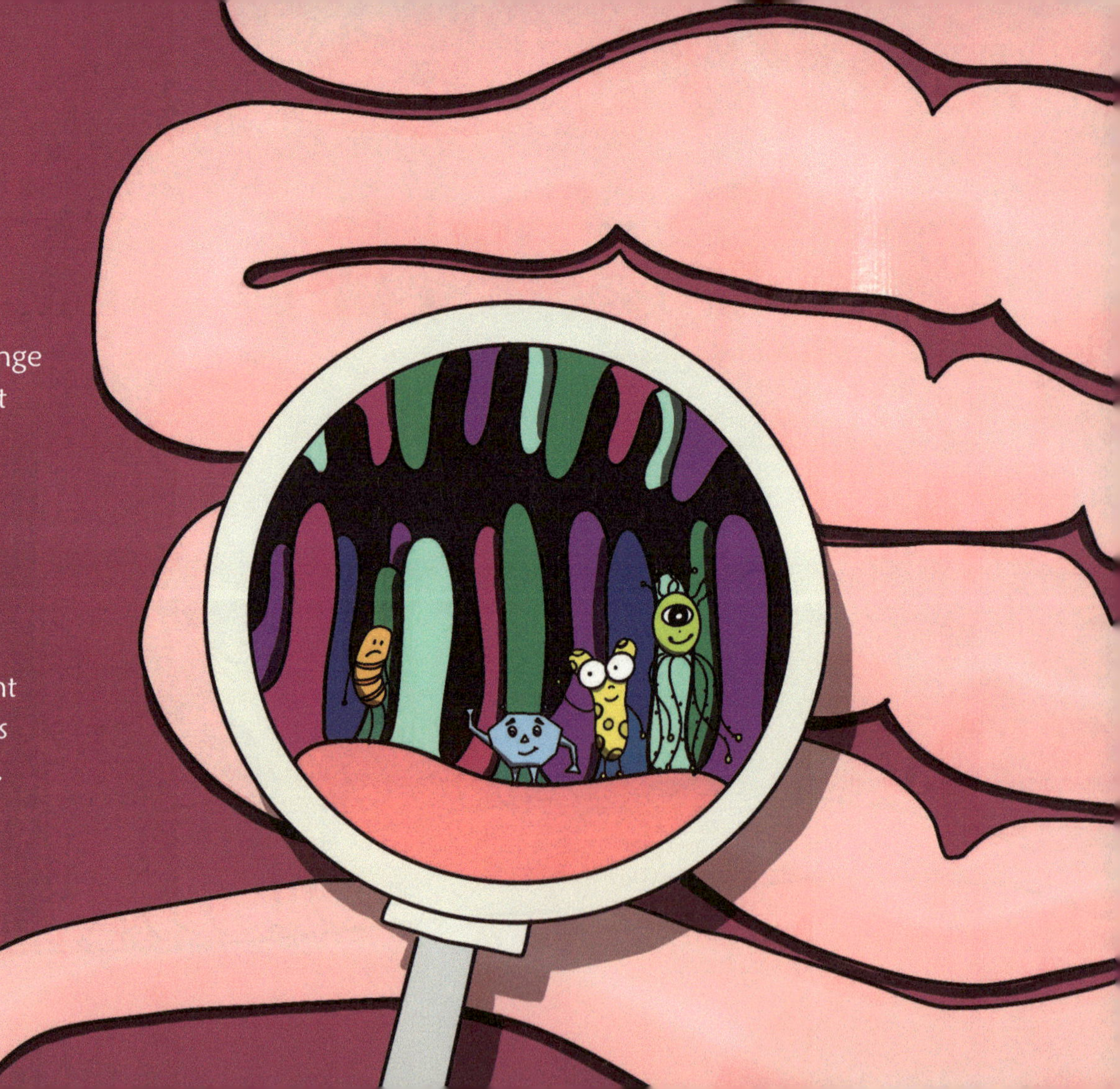

„Wer bist du denn? Und was ist passiert?“, will Mica Microvirus wissen.

„Ich bin Lacto Lactobacillus“, antwortet das Bakterium. „Mein Baby Lacto ist verschwunden! Er muss sich im Gewirr der Darmzotten verlaufen haben. Ich suche ihn schon seit dem Frühstücksjoghurt, aber ich finde ihn nicht! Langsam mache ich mir wirklich Sorgen!“, schluchzt das fremde Bakterium verzweifelt.

„Das ist ja schrecklich! Wir helfen dir natürlich gerne beim Suchen. Gemeinsam finden wir dein Baby bestimmt“, meint Biffi Bifidobakterium zuversichtlich.

Candi Candida und Mica Microvirus nicken. „Klar, das schaffen wir!“, rufen sie wie aus einem Mund.

Wild entschlossen ziehen die drei Darmheld:innen los und suchen Baby Lacto zwischen jeder Darmzotte und hinter jeder Falte. Doch die Suchaktion zieht sich, denn der Dünndarm des Kindes ist mit fünf Metern sehr lang.

Auf einmal entdeckt Biffi Bifidobakterium Baby Lacto weinend in einer riesigen Darmfalte. „Wir retten dich!“, ruft Mica Microvirus.

„Vorsicht, sonst glitschen wir ab!“, warnt Biffi. „Mica, du drückst die Darmfalte auf und ich halte dich fest. Danach kann Candi den Kleinen heraufziehen. Bereit?“ Mica und Candi nicken.

Mit aller Kraft drückt die kräftige Mica die Darmfalte gerade so weit auseinander, dass die Rettungsaktion starten kann.

„Candi, beeil dich!“, brüllt Biffi. „Ich komme!“, ruft Candi. Geschickt greift sie mit ihren langen Tentakeln nach Baby Lacto und zwirbelt es aus der Falte heraus.

„Geschafft!“, jubeln die drei Darmheld:innen. Glückselig umarmt Lacto Lactobacillus ihr Baby und gibt ihm einen joghurtsauren Schmatz.

„Die Darmfalte hat sogar einen kleinen Riss! Wie konnte das bloß passieren?“, fragt Candi Candida in die Runde. „Sehen wir uns mal genauer um“, schlägt Mica Microvirus vor.

Die drei Darmheld:innen untersuchen den winzigkleinen Riss im Darm mit der Lupe und betrachten auch die Darmzotten ganz genau. „Ich glaube, das ist es!“, ruft Biffi Bifidobakterium nach einiger Zeit und zeigt aufgeregt auf eine klebrige Stelle. „Das waren bestimmt die faulen Faulibakterien!“

„Wer sind denn die?“, will Mica Microvirus wissen. „Das ist ein Bakterien-Club für besonders faule Darmbakterien. Sie ernähren sich ausschließlich von Süßigkeiten und machen den Darm damit krank“, erklärt Candi Candida.

„Na los, lasst uns den Riss hier gemeinsam wieder zudrücken!“, schlägt Biffi Bifidobakterium vor. „Wir helfen euch dabei!“, rufen Lacto Lactobacillus und Baby Lacto. „Wow!“, ist Biffi begeistert, denn Lacto und Baby Lacto haben ihre selbstgemachten Fettsäuren als Pflegeöl mitgebracht. Mit vereinten Kräften drücken alle gemeinsam den Spalt zusammen und reiben die reparierte Stelle mit den gesunden Fettsäuren ein.

GRR
GRR
GRRR..
GRR

„Schön und gut, doch so kann das wirklich nicht weitergehen! Lasst uns die faulen Faulibakterien besuchen und mit ihnen reden“, ruft Mica Microvirus wütend. „Du hast Recht. Auf zum Dickdarm! Bestimmt hängen sie dort faul herum!“, nickt Biffi Bifidobakterium.

Im Eiltempo machen sich Biffi Bifidobakterium, Mica Microvirus und Candi Candida auf den Weg zum Dickdarm, wo fast alle Bakterien, Pilze und Viren wohnen. Hintereinander quetschen sie sich zwischen den großen und kleinen Darmzotten hindurch.

Schließlich gelangen sie zur Darmklappe, dem Übergang zum Dickdarm, wo es plötzlich keine Darmzotten mehr gibt und eine ebenmäßige Landschaft vor ihnen liegt. „Endlich ist der Dschungel vorbei“, freut sich Biffi und ist sichtlich erleichtert. Nacheinander klettern die drei Darmheld:innen durch die Klappe.

Doch als sie ankommen, erwartet sie ein trauriger Anblick: Im Dickdarm ist alles grau, klebrig und voller fauler Faulibakterien, die unentwegt zuckersüße Sachen zerlegen. Kein Wunder: Unser Kind hat vorgestern in der Schule sein gesundes Essen gegen jede Menge Süßigkeiten getauscht und sogleich vernascht.

GRRR
GRRRRRRRR...

„Puuuups“ macht es und ein gewaltiger Furz fegt über die Darmheld:innen hinweg. „Hier stinkt‘s“, bemerkt Mica Microvirus. „So viele Faulibakterien habe ich ja noch nie gesehen! Wie sollen wir sie bloß überzeugen, den Dickdarm zu verlassen?“, fragt Candi verzagt.

Angestrengt überlegen die drei Darmheld:innen, was sie nun tun können. Biffi Bifidobakterium hat als Erster eine Idee: „Wir brauchen sämtliche Kräfte, die wir mobilisieren können“, flüstert er. „Dazu versammeln wir heimlich alle Mikrobiota: jedes Bakterium, jeden Pilz und jedes Virus. Gemeinsam schleichen wir uns an die faulen Faulibakterien heran und erschrecken sie.“

„Wir sollten sie unbedingt mit Gemüseresten bewerfen, davor haben sie Angst!“, fügt Mica Microvirus schelmisch hinzu. „Oh ja! Und mit klarem Wasser können wir ihre klebrigen Zuckerspuren auflösen“, ergänzt Candi Candida.

Wild entschlossen trommeln die drei Darmheld:innen alle hilfreichen Bewohner:innen des Mikrobioms zusammen. Pilze, Viren und Bakterien umzingeln die faulen Faulibakterien. Nur ein schmaler Gang bleibt frei: Der Weg nach draußen auf die Toilette.

Auf das Zeichen von Biffi Bifidobakterium hin stürmt die Horde auf die faulen Faulibakterien zu. „Hört zu, ihr faulen Faulibakterien! Ihr macht unseren Darm kaputt und verdrängt uns fleißige Bakterien, Pilze und Viren! Helft bitte mit, den Darm fit zu halten, oder schwirrt ab in die Kanalisation!“, ruft Biffi.

„Bla, bla, bla, uns ist alles egal! Wir lassen uns nichts sagen!“, entgegnet ein riesiges Faulibakterium und wirft angriffslustig picksüße Zuckerklumpen auf Biffi.

Innerhalb von Sekunden bricht Chaos aus: Clostridiales-Bakterien schleudern zerquetschte Radieschenpampe auf Faulibakterien, Ascomycetes-Pilze stellen große Salat-Matschschilder auf, Microviren schießen mit Erbsen-Schlatz und Akkermansia-Bakterien wirbeln geformten Karottenbrei wie Frisbees durch die Luft.

Nach und nach werden die Faulibakterien in die Enge getrieben. Um sie ein für alle Mal aus dem Dickdarm zu befördern, ziehen alle Mikrobiota gleichzeitig an einer gigantischen Wasserpumpe. Ein übergroßer Schwall ergießt sich. Jetzt gibt es wirklich kein Halten mehr und alle Faulibakterien werden aus dem Darm gespült. Mit einem großen Platsch landen sie im Klo!

„Juhu!“, jubeln die Darmheld:innen im Chor. „Die faulen Faulibakterien sind endlich in der Toilette!“ Auch alle anderen Bakterien, Pilze und Viren sind froh. Der ganze Dickdarm wird zu einem bunten Wunderland und alle Mikrobiota verteilen sich darin.

„Ein schöneres Fest hat es in unserem Kind wohl noch nie gegeben“, sagt Biffi Bifidobakterium gerührt und hat dabei Tränen in den Augen. „Was für ein Abenteuer! Wer hätte gedacht, dass wir es zurück in den Dickdarm schaffen und dort tatsächlich die faulen Faulibakterien loswerden?“, ist Mica Microvirus stolz. „Tolle Sache, Biffi, aber ich muss sagen, dieser Zuckerklumpen auf deinem Rücken stinkt erbärmlich“, hält sich Candi Candida die Riechtentakel zu und zieht mit einem Ölschwämmchen das klebrige Zeug von Biffis Bakterienhülle runter.

„Danke, Candi“, bedankt sich Biffi. „Jetzt essen wir mal was Leckeres und bleiben eine Weile hier zu Hause. Jemand muss ja die gute Mikrobiota-Ordnung erhalten“, meint Mica. „Aber irgendwann hätte ich schon Lust auf eine neue Entdeckungsreise“, überlegt Candi.

Doch das ist eine andere Geschichte ...

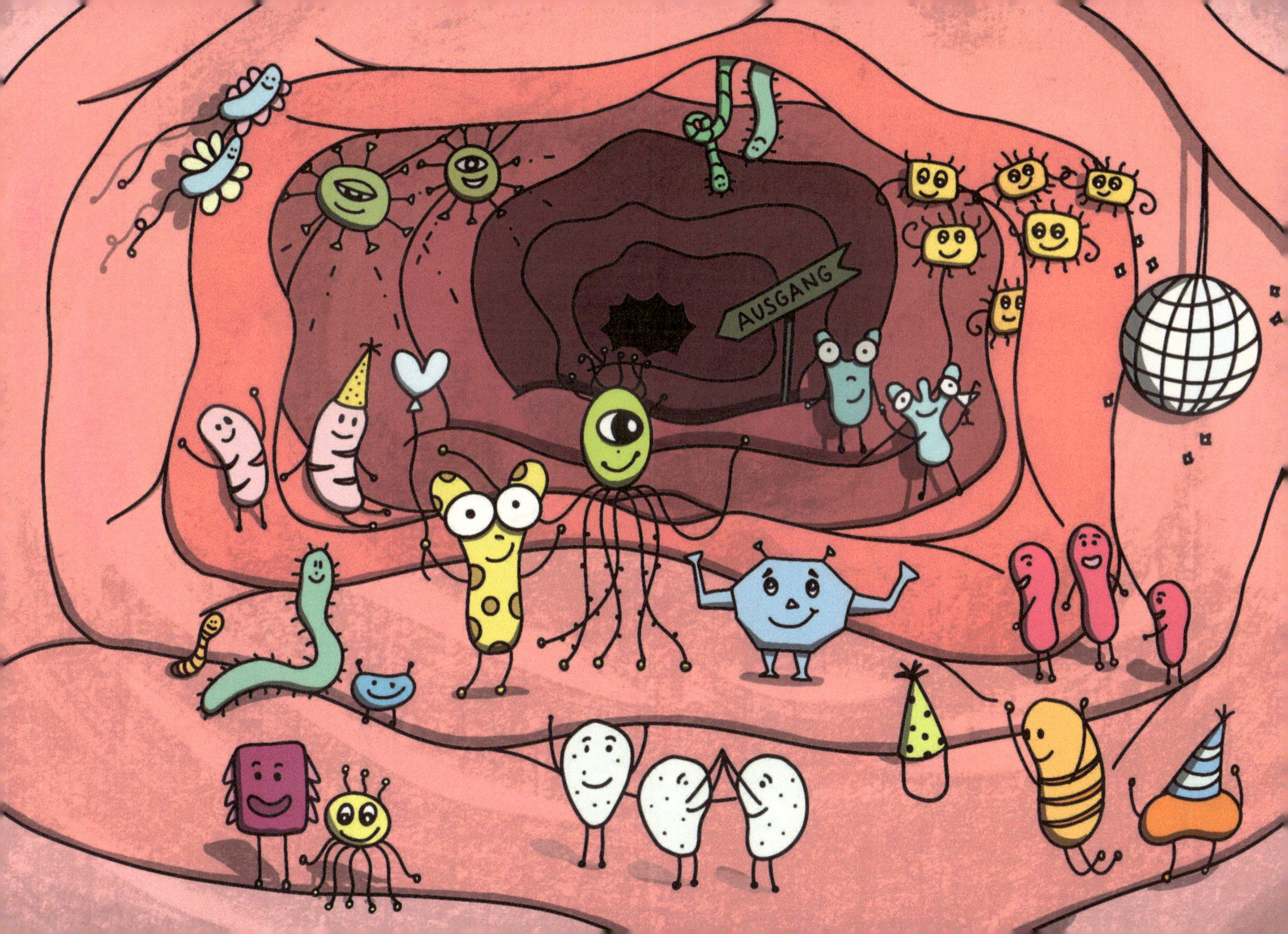
AUSGANG

Mitmach-Seiten

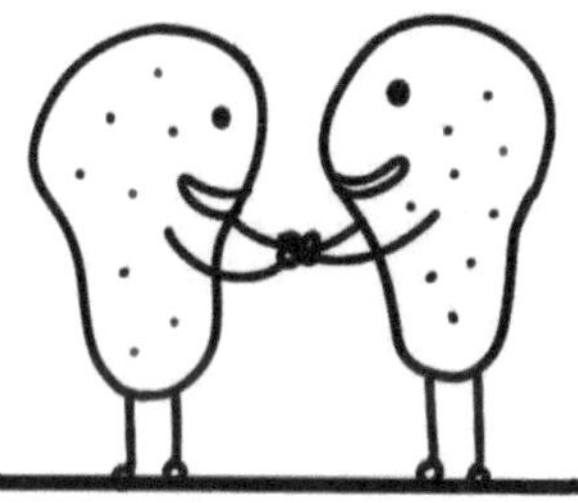

Die folgenden Mitmach-Seiten sind nur für dich gemacht. Wenn du sie ausfüllst, wirst du deinen Körper und vor allem das Leben in deinem Darm noch ein bisschen besser kennenlernen. So kannst du gut auf alles in dir achten und gesund bleiben.

Mach das Buch zu etwas Einzigartigem, indem du alle Bilder anmalst, deine Ideen hineinschreibst und die Fragen beantwortest.

Schnapp dir deine Stifte und leg los!

Wer macht was? Verbinde die Darmheld:innen mit den zu ihnen passenden Eigenschaften.

Lösung: Biffi Bifidobakterium: mutig; Candi Candida: elastisch; Mica Microvirus: stark

Stell dir vor, du wärst selbst ein:e Darmheld:in. Wie heißt du und was ist deine Superkraft? Schreibe und zeichne es auf.

Im Darm haben alle ihre Aufgaben. Schreibe die richtigen Zahlen in die leeren Felder.

1 Eine Escherichia-Familie putzt die Darmwand.

2 Eine Ascomycetes-Gruppe baut Brokkoli und Spinat ab.

3 Clostridiales reiben den Darm mit Pflege-Öl, sogenannten kurzkettigen Fettsäuren, ein.

4 Eine Akkermansia-Familie stärkt durch Botenstoffe das Immunsystem.

5 Biffi, Candi und Mica bei der Arbeit.

6 Hui, auch die Faulibakterien sind da und naschen mal wieder Zucker!

Die Auflösung findest du auf Seite 90.

Frisches, selbst gekauftes Obst und Gemüse machen Biffi Bifidobakterium, Candi Candida und Mica Microvirus besonders gesund und glücklich. Umkreise, was du gestern oder heute bereits gegessen hast.

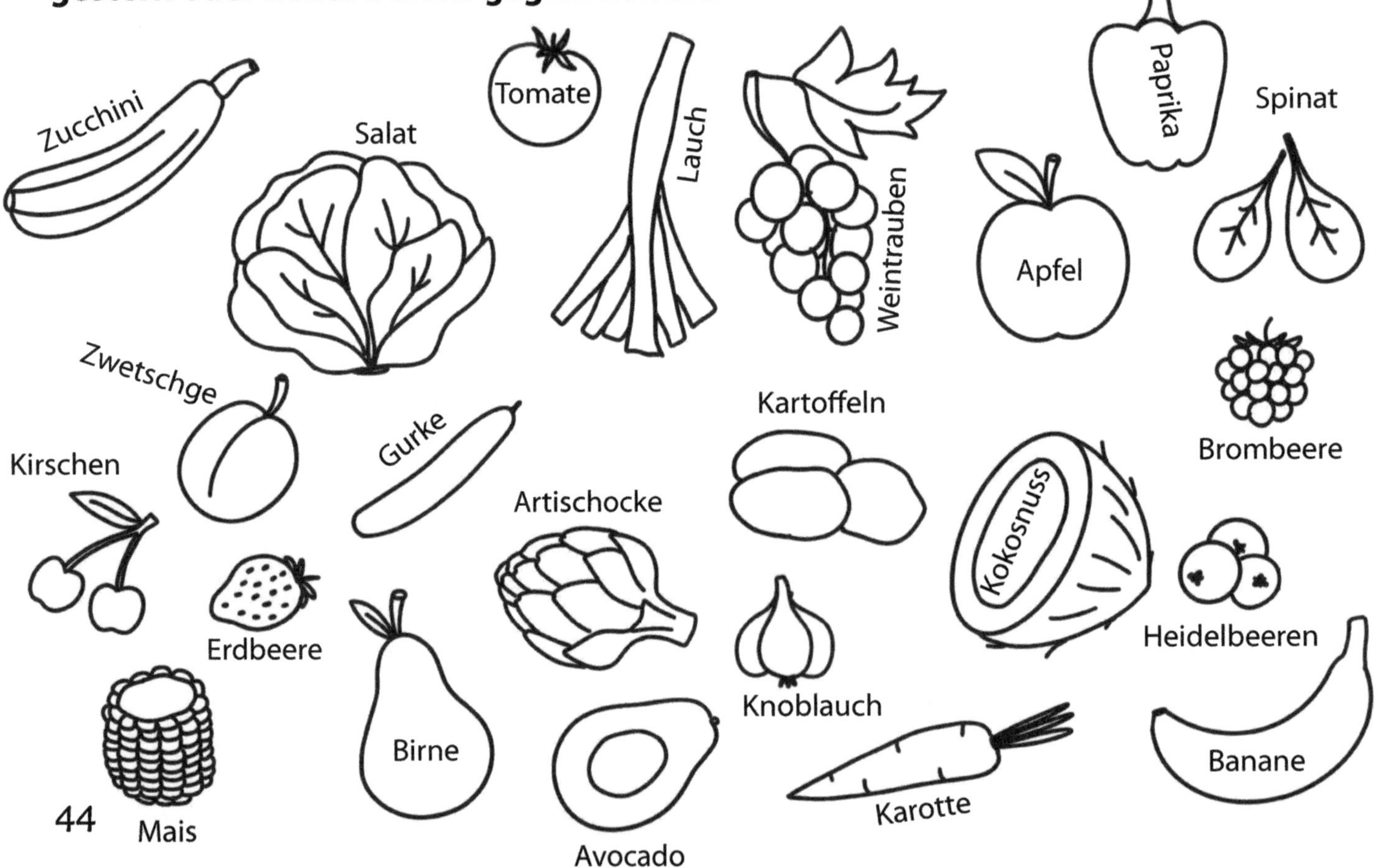

Auch andere Nahrungsmittel sind wichtig für deine Gesundheit. Male diese Köstlichkeiten bunt aus. Falls du sie noch nie probiert hast, dann schau doch mal, was davon dir besonders gut schmeckt.

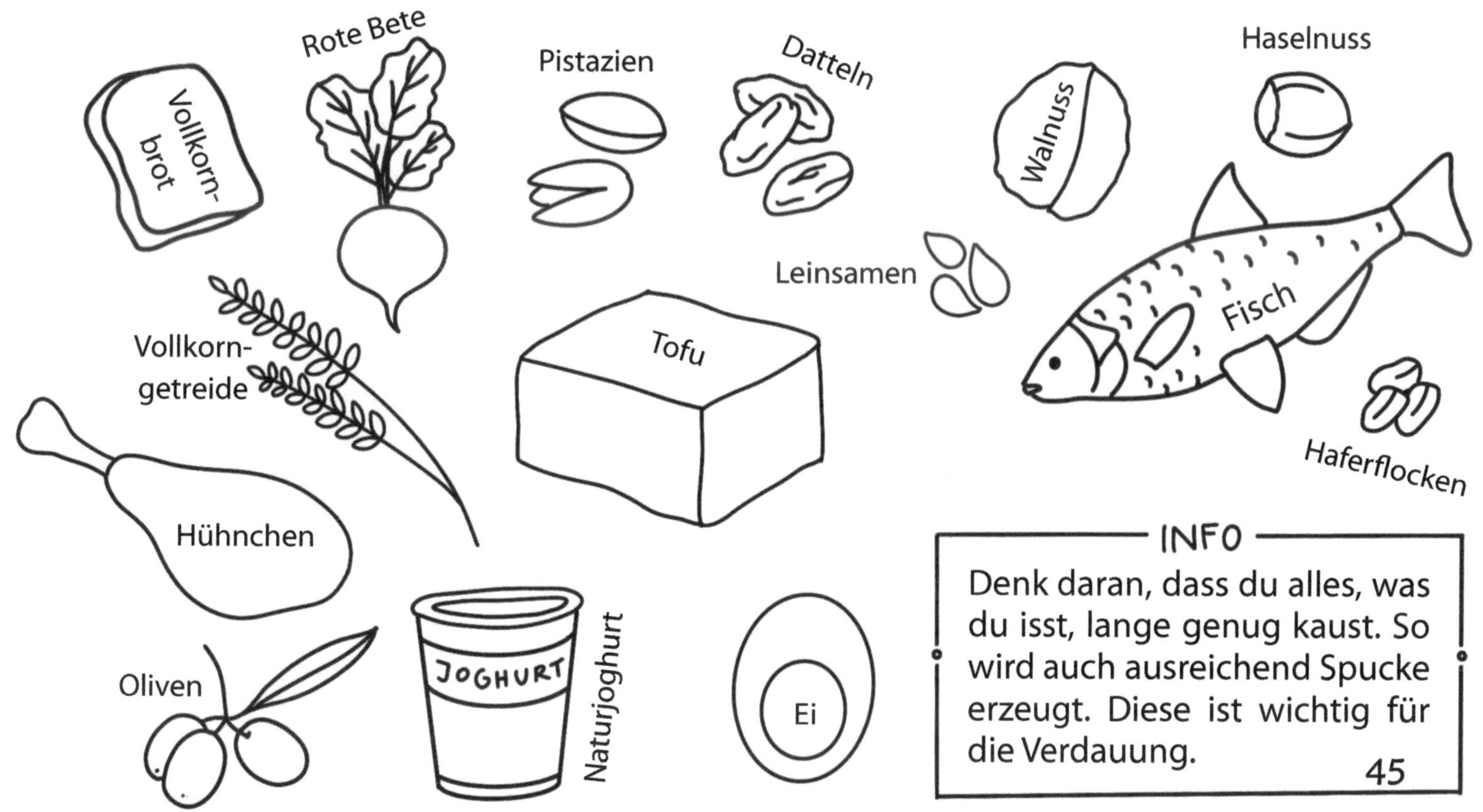

INFO

Denk daran, dass du alles, was du isst, lange genug kaust. So wird auch ausreichend Spucke erzeugt. Diese ist wichtig für die Verdauung.

Halte deine Darmheld:innen bei Laune: Überlege, wie du morgens, mittags und abends Biffi Bifidobakterium, Candi Candida und Mica Microvirus verwöhnen kannst. Schreibe/Zeichne deine Ideen auf.

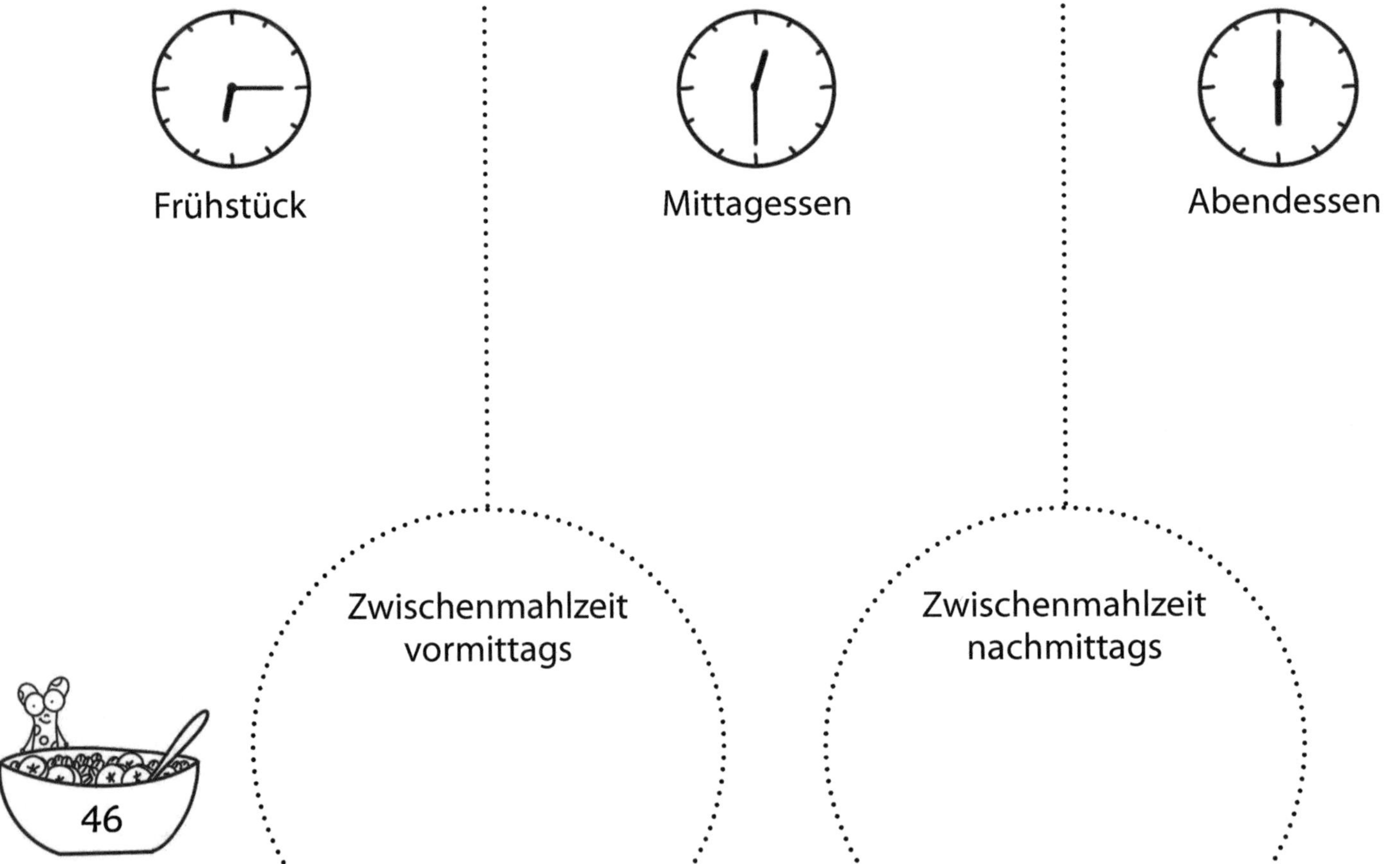

Schreibe/Zeichne auf, was du normalerweise gerne isst.

Die faulen Faulibakterien lieben ungesundes Zeug. Wie du inzwischen weißt, bereitet das den Darmheld:innen extra viel Arbeit. Welche dieser Sachen hast du heute schon gegessen? Male sie bunt an.

Auf welche Süßigkeiten kannst du ganz einfach verzichten, um deine Darmheld:innen noch glücklicher zu machen? Umkreise sie!

Hast du dir schon einmal überlegt, wie schwer deine gesamten Mikrobiota insgesamt sind? Sind sie leichter oder schwerer als dein Gehirn? Kreuze an!

☐ Alle Mikrobiota im Darm sind **leichter** als mein Gehirn

☐ Alle Mikrobiota im Darm sind **schwerer** als mein Gehirn

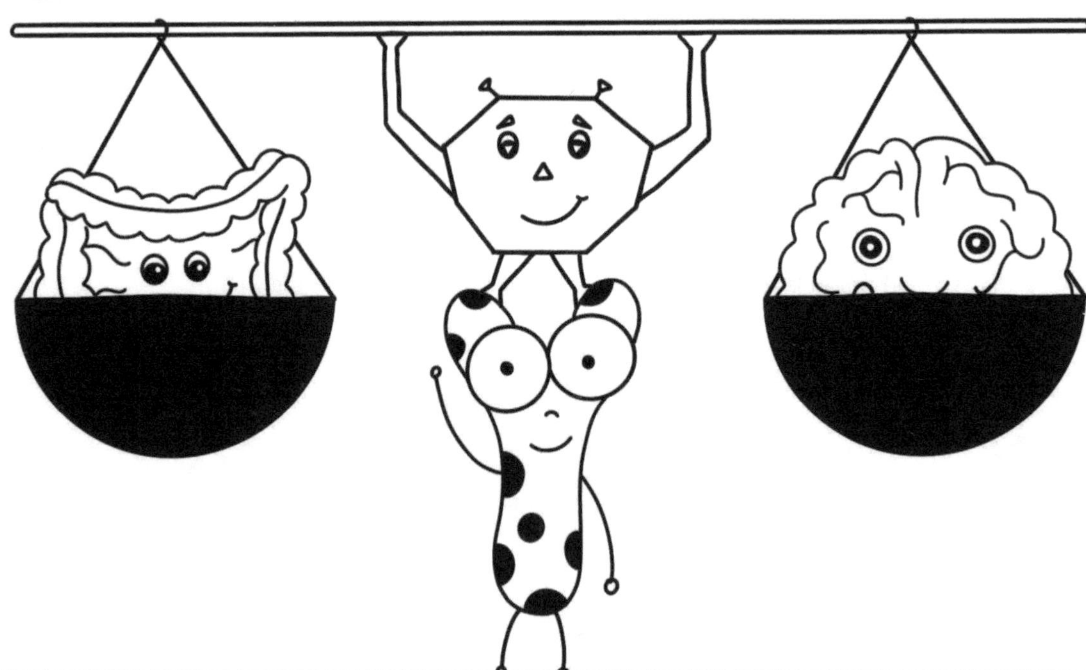

Lösung: Beides ist richtig: Das Gehirn wiegt bei einem ausgewachsenen Menschen ungefähr 1,3 bis 1,4 kg. Je nach Studie und Darminhalt schätzt man, dass alle Mikrobiota in deinem Darm zwischen 0,5 bis 2 kg wiegen - fast so viel wie dein Gehirn!

Weißt du, dass vom Darm ganz viele Nerven direkt ins Gehirn führen? So kann dir dein Darm beispielsweise Appetit auf Erdbeeren durchfunken. Was funkt dir dein Darm gerade zu? Schreibe es auf die Funkfrequenzlinie.

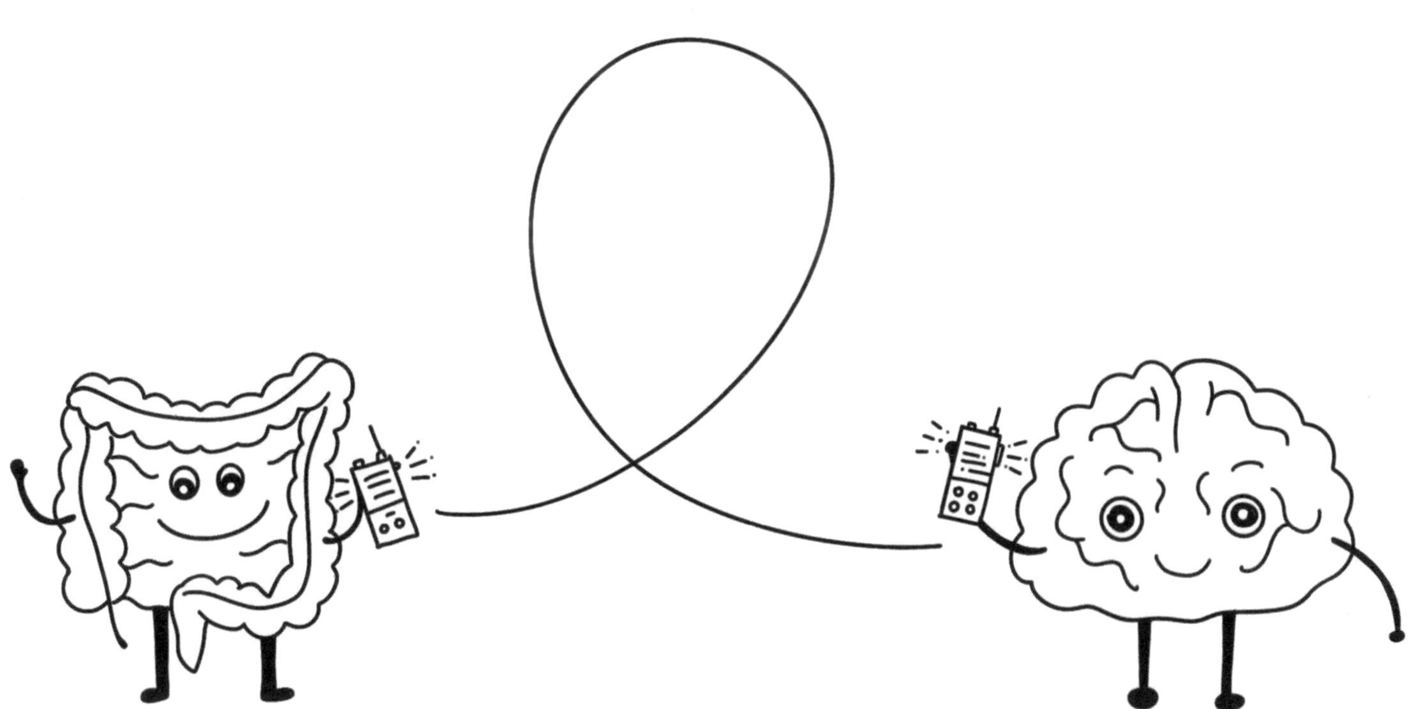

Dein Immunsystem sorgt dafür, dass du gesund bleibst. Die Darmheld:innen leisten einen wesentlichen Beitrag dazu. Denn 7 von 10 Immunzellen deines Immunsystems befinden sich im Darm. Schreibe/Zeichne fünf Dinge auf, die du machen kannst, wenn du fit und gesund bist.

Bunt gemischter Salat ist gesund!

Daher wartet hier auf dich der Buchstabensalat. Finde elf Begriffe aus der Geschichte und male jedes fertige Wort in einer anderen Farbe an.

R	W	O	I	B	N	V	T	D	S	K	Q	A	J	B	I	K	M	X	V
F	E	I	R	X	O	D	A	R	M	Z	O	T	T	E	N	A	A	X	I
A	K	K	E	R	M	A	N	S	I	A	Z	♥	P	A	D	A	G	O	O
U	V	!	N	I	E	U	K	V	N	R	P	U	D	E	L	R	E	Y	T
L	J	C	T	S	W	C	E	H	U	J	L	J	S	H	M	R	N	B	R
I	V	M	P	U	X	Y	Y	F	B	Y	A	Q	Z	Y	T	W	U	O	R
B	T	P	F	O	E	R	T	N	E	R	C	W	I	T	D	O	U	F	I
A	R	S	V	✿	A	Y	Z	S	W	K	T	W	J	G	S	D	V	T	K
K	A	Q	V	U	N	O	T	E	Y	C	O	Z	P	N	P	M	♥	S	C
T	M	Y	S	R	B	I	F	I	D	O	B	A	K	T	E	R	I	U	M
E	O	V	E	C	Z	W	H	Y	G	O	A	F	T	C	I	O	Q	V	K
R	V	A	B	H	K	S	X	X	N	V	C	V	J	R	S	L	O	N	D
I	Q	C	👁	P	M	L	B	N	T	U	I	R	O	K	E	D	H	E	R
E	R	T	S	N	K	R	D	R	L	N	L	✿	V	I	R	U	S	W	C
N	G	P	R	S	B	T	E	I	S	V	L	O	R	L	O	C	M	G	E
I	C	T	B	Q	F	I	R	M	I	C	U	T	E	S	E	P	B	D	Y
S	Y	U	T	N	J	P	R	G	Z	!	S	U	K	A	H	U	I	F	X
P	O	Z	A	M	A	J	U	K	U	Q	U	O	B	G	R	P	F	T	T
P	G	G	M	C	D	P	C	A	N	D	I	D	A	E	E	Y	A	N	D
A	M	♥	B	Y	R	U	S	F	S	A	W	L	N	D	X	Y	N	P	U

Die Auflösung findest du auf Seite 90.

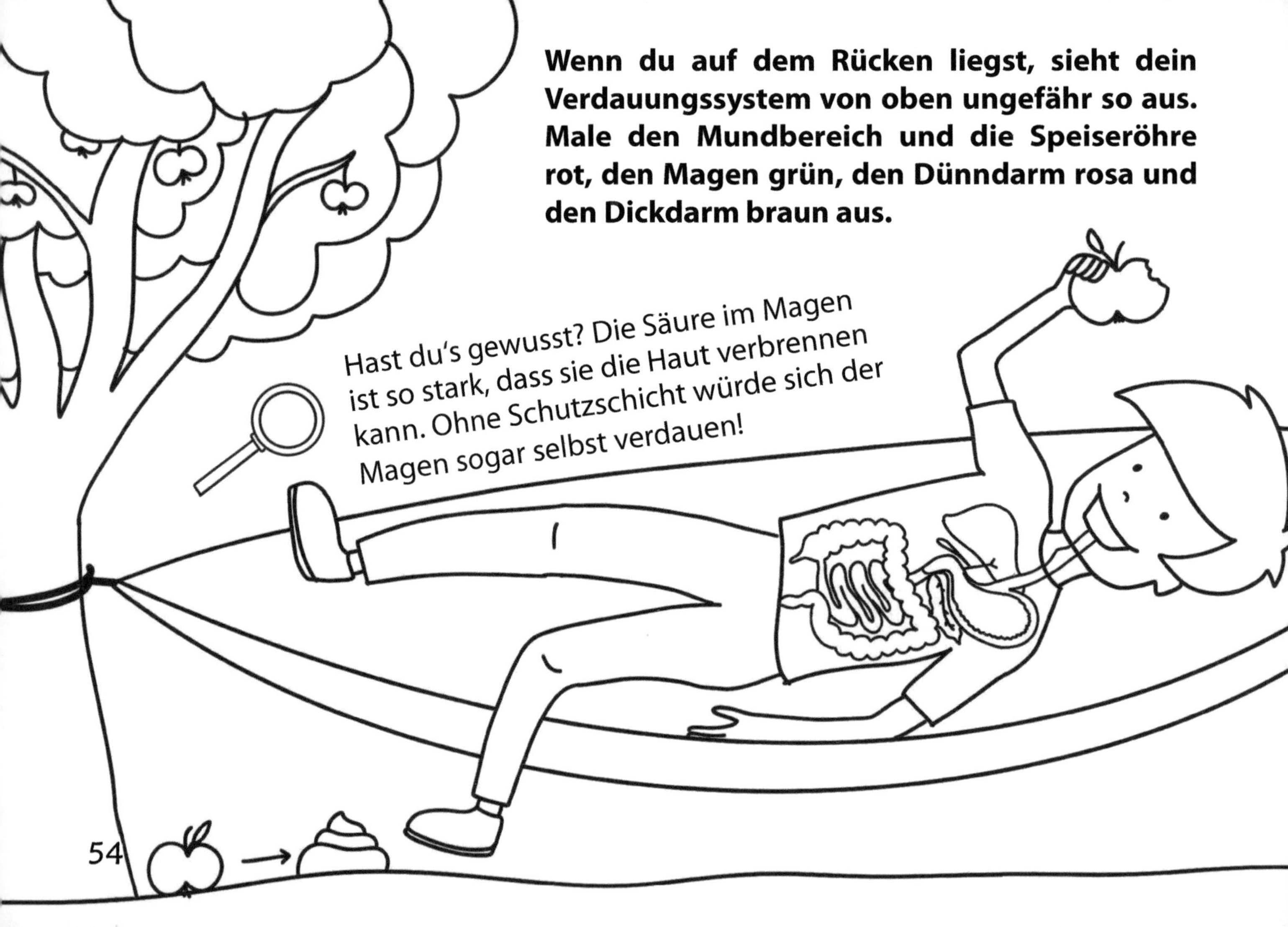

Wenn du auf dem Rücken liegst, sieht dein Verdauungssystem von oben ungefähr so aus. Male den Mundbereich und die Speiseröhre rot, den Magen grün, den Dünndarm rosa und den Dickdarm braun aus.

Hast du‘s gewusst? Die Säure im Magen ist so stark, dass sie die Haut verbrennen kann. Ohne Schutzschicht würde sich der Magen sogar selbst verdauen!

Verfolge den Weg eines Apfelstückes durch den Verdauungstrakt und beobachte, wie es zur Kackwurst wird. Zeichne den Weg des abgebissenen Apfelstückes auf dem Bild mit einem Buntstift nach!

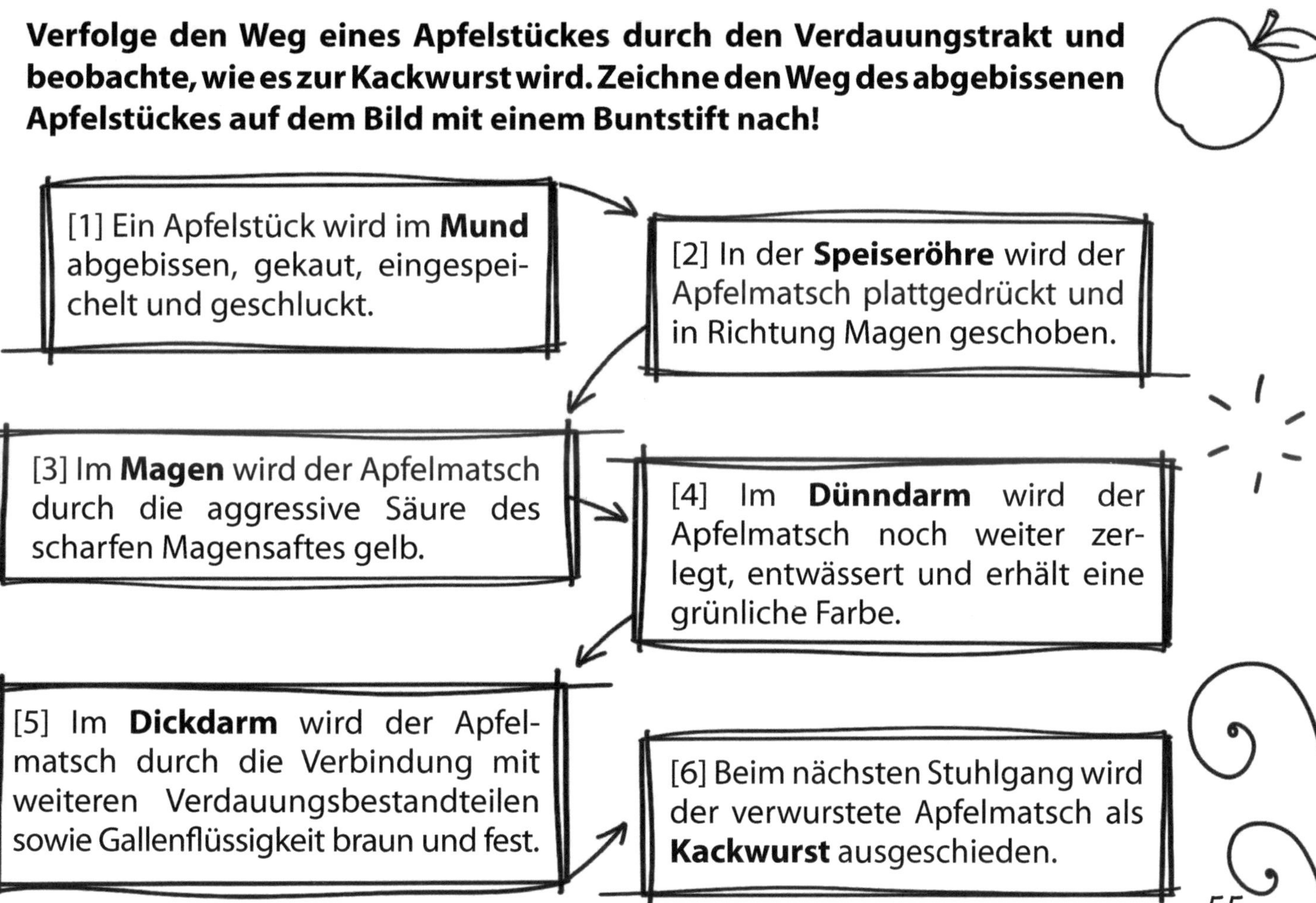

Teste nun dein Wissen: Hast du dir gemerkt, welches Essen den Darmheld:innen gut bekommt und welches den Faulibakterien besonders schmeckt? Verbinde, was zusammengehört.

Die Auflösung findest du auf Seite 90.

Was kommt am Ende raus? Fahre die Darmwindungen bunt nach und sieh dir an, welches Essen und Trinken welches Verdauungsergebnis produziert.

Die Auflösung findest du auf Seite 90.

Darmheld:innen-Memory

Auf geht's zum Memory-Spielen!

[1] Schneide alle Karten aus und klebe sie auf stabilen Karton.

[2] Bemale die Darmheld:innen und alle anderen Mikrobiota in deinen Lieblingsfarben.

[3] Lege die Karten verdeckt auf den Tisch und mische sie.

[4] Es wird abwechselnd gespielt: Jede:r deckt immer zwei Karten auf. Wer ein Paar aufdeckt, darf noch zwei Karten aufdecken. Wer die meisten Paare aufdeckt, hat gewonnen.

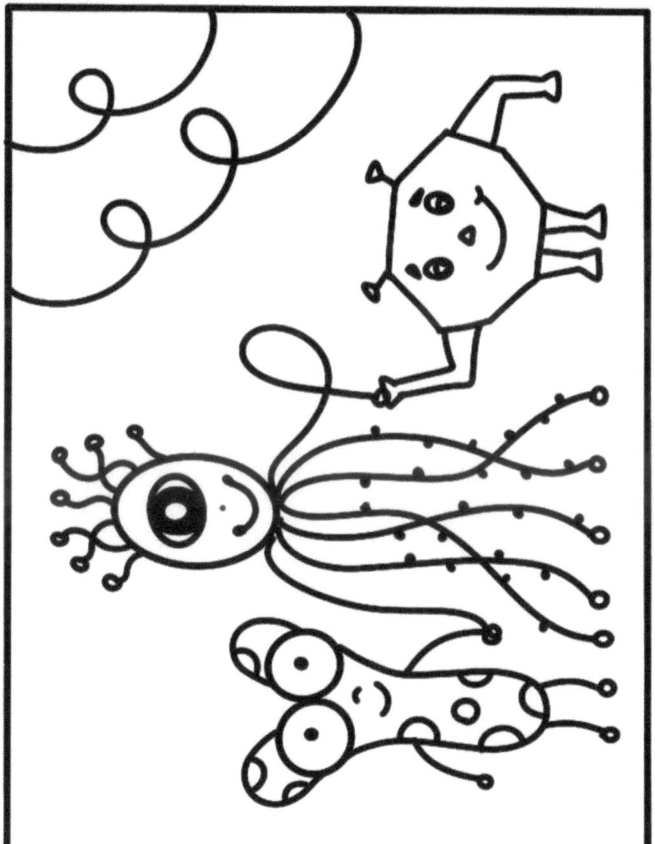

DARMHELDEN

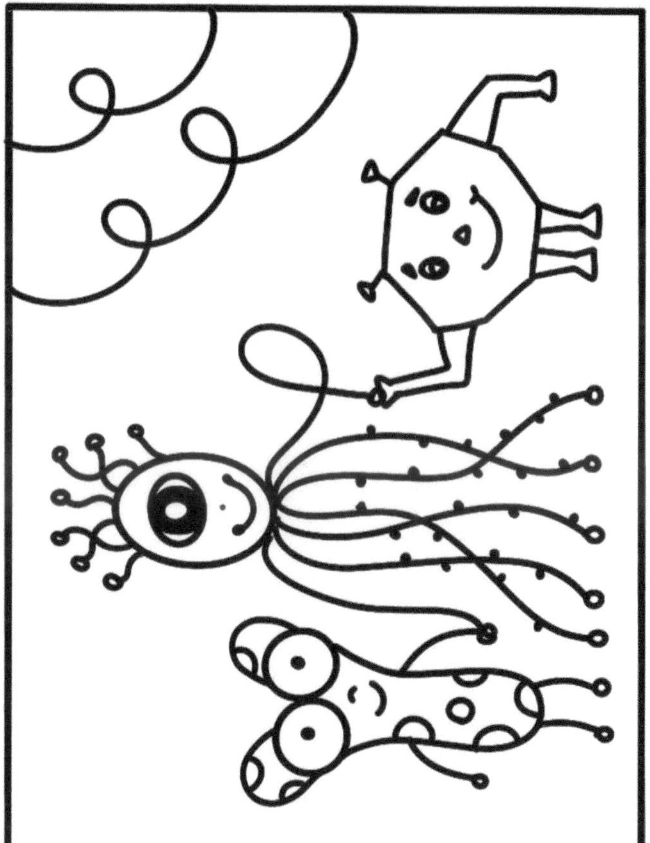

DARMHELDEN

BIFFI

✲BIFIDOBAKTERIUM✲

BIFFI

✲BIFIDOBAKTERIUM✲

CANDI

CANDIDA

CANDI

CANDIDA

MICA
MICROVIRUS
MICA
MICROVIRUS

LACTO

LACTOBACILLUS

LACTO

LACTOBACILLUS

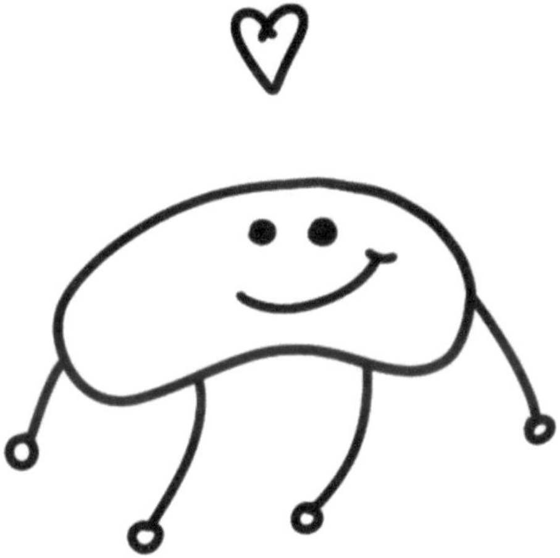

BABY LACTO

LACTOBACILLUS

BABY LACTO

LACTOBACILLUS

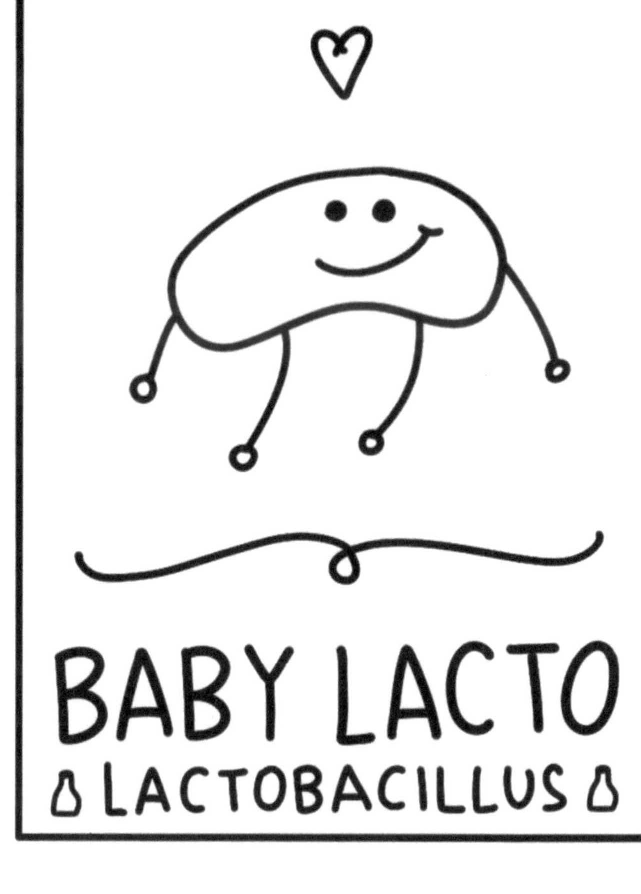

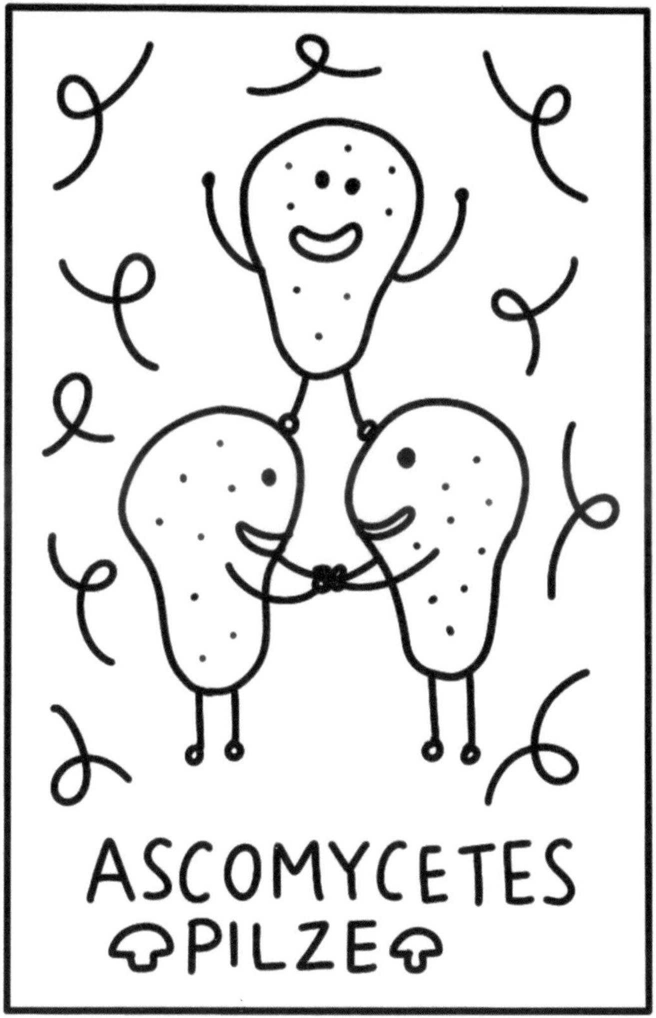

ASCOMYCETES
PILZE

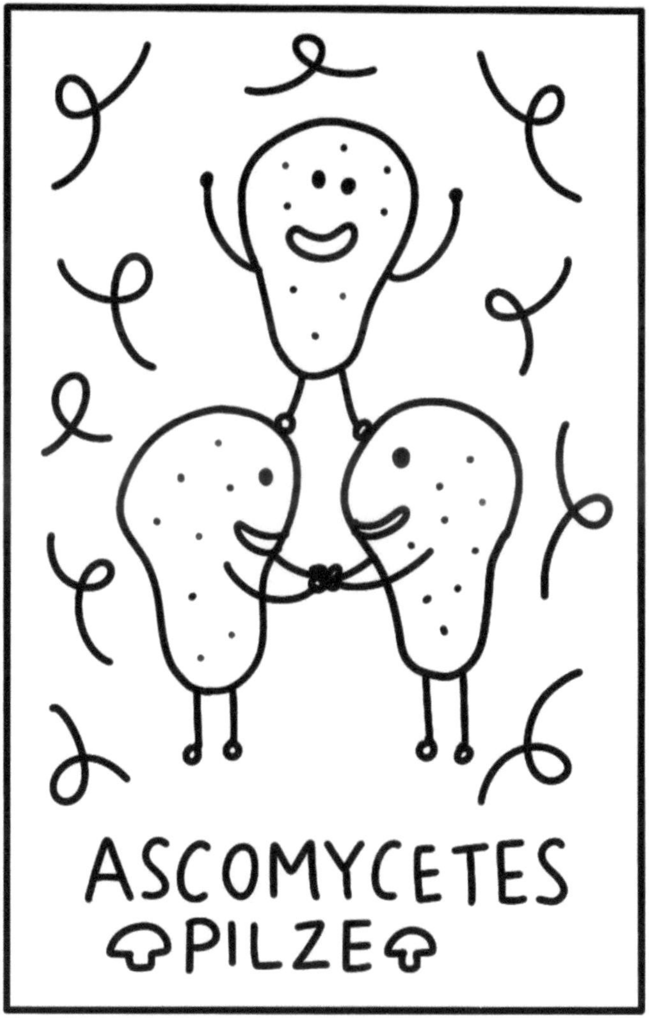

ASCOMYCETES
PILZE

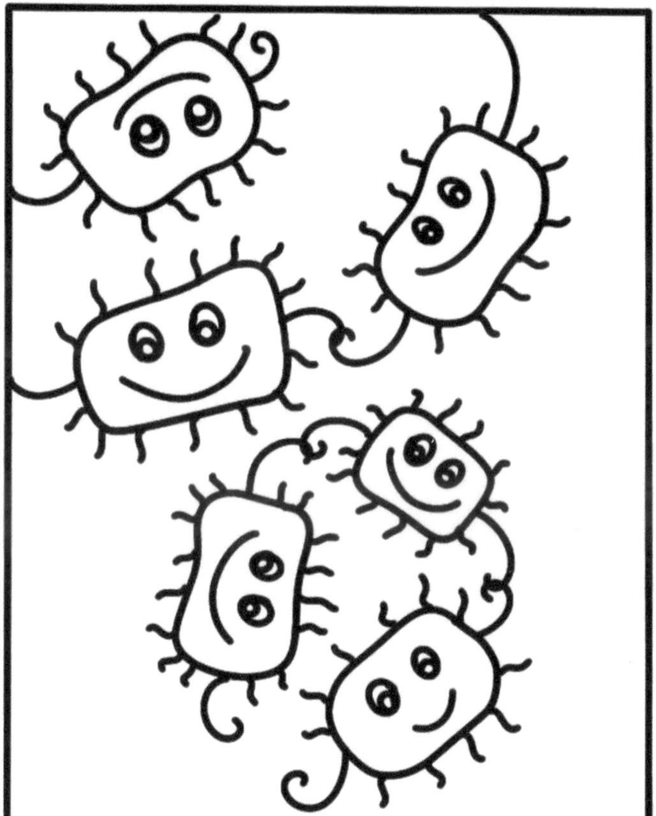

AKKERMANSIA
BAKTERIEN

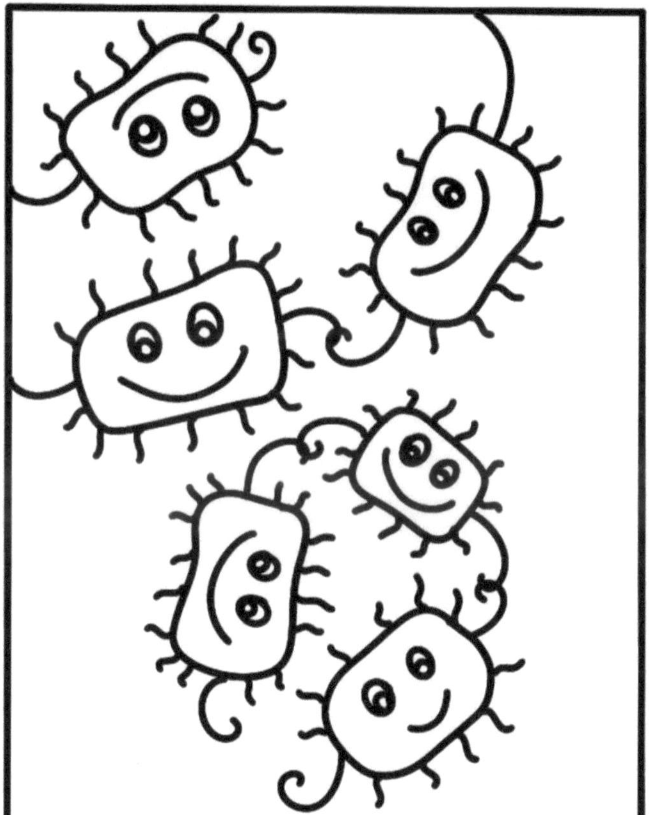

AKKERMANSIA
BAKTERIEN

CLOSTRIDIALES
BAKTERIEN

CLOSTRIDIALES
BAKTERIEN

FAULI

FAULIBAKTERIEN

FAULI

FAULIBAKTERIEN

FAULI

FAULIBAKTERIEN

FAULI

FAULIBAKTERIEN

FAULI
BAKTERIUM
FAULI
BAKTERIUM

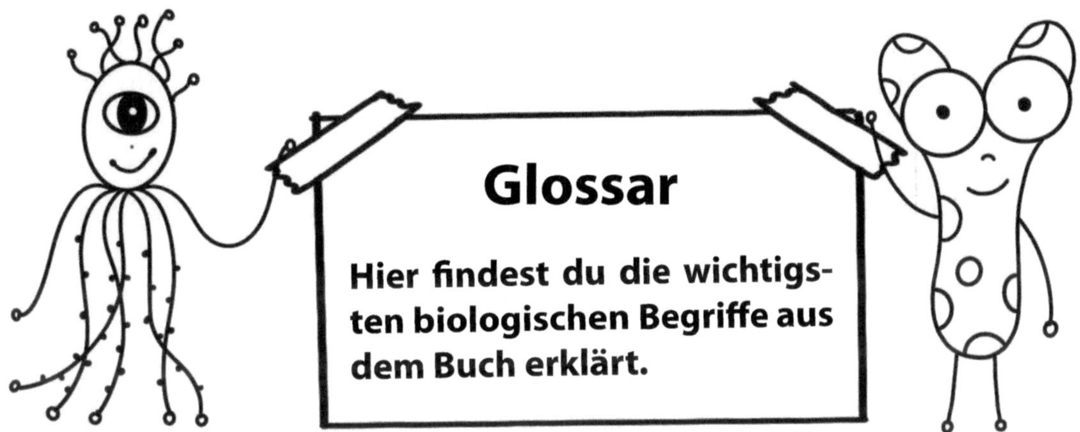

Akkermansia-Bakterien: Ein sehr häufiges Bakterium in unserem Darm, das besonders wichtig ist und uns schützt.

Ascomycetes-Pilze: Eine bestimmte Art von Pilzen, die häufig im Darm vorkommen.

Bakterien: Sie sind mikroskopisch klein, kommen in den verschiedensten Formen auf unserer Welt und auch in unserem Körper vor. Sie sind eine Art von Mikroorganismen, genau wie Pilze und Viren. Es gibt ganz unterschiedliche Bakterien – viele sind für uns nützlich, manche können aber auch krank machen.

Bakterienhülle: Eine Schicht um das Bakterium, die es vor äußeren Einflüssen schützt.

Bifidobakterien: Eine bestimmte Bakterienart, die in einem gesunden Darm häufig vorkommt. Außerdem findet man sie oft in Milchprodukten wie Joghurt und kann sie so gezielt über die Nahrung zuführen.

Botenstoffe: Kleinste Teilchen, die Bakterien oder dein Körper herstellen, um Nachrichten zu verschicken. Zum Beispiel kann dein Magen so dem Darm mitteilen, dass bald eine Portion Nahrung auf ihn zukommt.

Candida-Pilze: Eine Art von Pilz, genauer gesagt ein Hefepilz, der meist auf unseren Schleimhäuten, wie Mund und Darm, zu finden ist.

Clostridiales-Bakterien: Sie finden sich zumeist in unserem Darm und haben sehr stark vergrößert in etwa die Form einer Rassel.

Darm: Er ist ein Teil unseres Verdauungssystems, das aus einem gewundenen Muskelschlauch besteht, der nach dem Magen beginnt und am After endet. Er zerlegt die Nahrung in die kleinsten Bestandteile und versorgt den Körper mit Nährstoffen.

Darmklappe: Der Übergang zwischen Dünndarm und Dickdarm hat eine Klappe, die sicherstellt, dass der Kackwurstbrei nicht wieder zurück nach oben in den Dünndarm rutscht.

Darmwand: Der Darm ist aus verschiedenen Schichten aufgebaut. Ganz innen liegt die Schleimhaut, hier werden die Nahrung verdaut und die Nährstoffe aufgenommen. Dann kommt eine Muskelschicht, die dafür sorgt, dass die Nahrung weiter nach unten bewegt und dabei gut durchgemischt wird. Ganz außen liegt eine Darmhaut, die alles zusammenhält und den Darm von der Bauchhöhle trennt.

Darmschleimhaut: Die innerste Darmschicht hat viele Falten und Zotten. Auf diese Weise bildet sie eine riesige Oberfläche und kann möglichst viele Nährstoffe aufnehmen.

Darmzotten: Sie sehen aus wie unendlich viele kleine Fingerchen und können die Nährstoffe aus dem Essen wie Magnete aufnehmen.

Dickdarm: So heißt der letzte Teil unseres Darmes, wo die Kackwurst gebildet wird.

Dünndarm: Bei erwachsenen Menschen ist dieser fünf bis sechs Meter lang und geht vom Pförtner bis zur Darmklappe. Es ist seine Aufgabe, die Nahrung winzig klein zu machen, damit sie weiterverarbeitet und die Nährstoffe aufgenommen werden können.

Durchfall: Manchmal wird die Verdauung im Darm durcheinandergebracht – dann kann es passieren, dass Kacke nicht mehr einer Wurst gleicht, sondern flüssig wird. Das kommt vor, wenn wir krank sind oder etwas gegessen haben, das uns schlecht bekommen ist.

Escherichia-Bakterien: Eine bestimmte Art von Bakterien, die oft im Bauch vorkommen. Leider weiß man noch nicht genau, wie gut oder schlecht sie für den Darm sind.

Faulibakterien: Eigentlich gibt es keine Faulibakterien. In diesem Buch haben wir alle Bakterien, die den Darm krank machen, unter diesem erfundenen Namen zusammengefasst.

Fettsäuren: Gesunde Fettsäuren finden sich vor allem in Öl aus Oliven, Leinsamen, Algen oder Fisch. Sie sind wichtige Nährstoffe für unseren Körper. Manche Bakterien können ihre eigenen speziellen Fettsäuren herstellen und damit die Gesundheit der Darmschleimhaut fördern.

Firmicutes-Bakterien: Eine Art von Bakterien im Darm, sie sind nach dem lateinischen Wort „firmus“ benannt, was „stark“ bedeutet.

Geschmacksknospen: Sie sehen aus wie winzige Zwiebelchen, finden sich in der Mundschleimhaut und ermöglichen uns, die verschiedensten Dinge zu schmecken.

Immunsystem: Es besteht aus vielen kleinen Immunzellen, die unser Körper bildet, um uns vor Krankheiten zu schützen. Sie können mit krankmachenden Mikroorganismen umgehen und diese abwehren. Ein Großteil des Immunsystems befindet sich im Darm.

Kackwurst: Das stolze Endprodukt unserer Verdauung in unterschiedlicher Farbe und Form, von gelbbraun bis dunkelbraun.

Krankheitserreger: Das sind Mikroorganismen, die unseren Körper reizen und eine Krankheit entstehen lassen können. Wenn unser Immunsystem nicht stark genug ist, um sie abzuwehren, werden wir krank.

Lactobacillen: Das sind gesunde Milchsäurebakterien, die unter dem Mikroskop wie Stäbchen aussehen. Ihr Name kommt von den lateinischen Begriffen „lactis", was „Milch" bedeutet, und „bacillus", was „Stab" bedeutet. Sie kommen in Milchprodukten wie Joghurt vor und können so ganz einfach verspeist werden.

Magensaft: Er wird von der Magenschleimhaut produziert und ist sehr sauer. Er hilft, die Nahrungsbestandteile im Magen zu verdauen, damit der Dünndarm weniger Arbeit hat.

Microviren: Eine Art von Viren, die sehr häufig im Darm vorkommen. Leider weiß man über ihre genauen Eigenschaften noch nicht sehr viel.

Mikrobiota/Mikrobiom: So nennt man alle Mikroorganismen zusammen, die gemeinsam eine Lebensgemeinschaft bilden, wie zum Beispiel das Darm-Mikrobiom. Der Name kommt aus dem

Griechischen und bedeutet „Kleines Leben". Zum Mikrobiom zählen Bakterien, Urbakterien, Pilze und Viren.

Mikroorganismen: Das sind mikroskopisch kleine Lebewesen. Dazu zählen Bakterien, Urbakterien, Pilze und Viren. Viele Mikroorganismen können sich gar nicht von selbst bewegen – damit haben wir es in der Geschichte aber nicht zu genau genommen. Manche Mikroorganismen haben dünne Fortsätze, zum Beispiel um miteinander zu kommunizieren oder um ihre Umgebung zu beurteilen.

Mikroskop: Damit kann man winzige Dinge stark vergrößert darstellen, um für das bloße Auge unsichtbare Dinge zu erkennen wie z.B. Bakterien.

Nährstoffe: Diese brauchen wir, damit unser Körper Energie hat und wir leben können.

Ökosystem: Das bezeichnet eine Lebensgemeinschaft aus Tieren und Pflanzen.

Pförtner/Pylorus: Das ist ein ringförmiger Muskel am Ende des Magens. Er bestimmt, wann Essen vom Magen weiter in den Dünndarm gelangt.

In der Geschichte ist der Magenpförtner durch eine Gummischlange verschlossen. Das kann in Wirklichkeit nicht passieren, da eine Gummischlange einfach von der Magensäure aufgelöst werden würde. Allerdings kennst du bestimmt das Gefühl, dass dir etwas im Magen liegt, oder? Dann ist der Magen voll und hat Schwierigkeiten, das viele Essen in den Darm weiter zu leiten. Das kann passieren, wenn du schlechtes Essen gegessen hast oder einfach zu viel verschlungen hast. Oft wird dir dann übel, manchmal musst du dich sogar übergeben.

Pilze: Sie sind eine eigene Art von Mikroorganismen und kommen wie auch Bakterien und Viren überall vor. Ebenso sind sie Teil des Darm-Mikrobioms. Viele Pilze bilden dünne Fäden aus, um ein Netzwerk um sich auszubauen. In der Geschichte hat Candida als Anlehnung daran Tentakel – hier war Fantasie im Spiel.
Um Verwirrung vorzubeugen: Es gibt auch Speisepilze, wie zum Beispiel Champignons. Diese Speisepilze sind aber viel größer und bestehen aus unzähligen kleinen Bausteinen. Trotzdem sind sie mit den Mikrobiom-Pilzen entfernt verwandt. In diesem Buch sprechen wir nur von Mikrobiom-Pilzen.

Speiseröhre: Sie ist ein langer Schlauch, der den Rachen mit dem Magen verbindet. Bei einem erwachsenen Menschen ist sie etwa 40 Zentimeter lang, besteht aus Muskeln. Wenn wir schlucken, gelangt Nahrung vom Mund über die Speiseröhre in den Magen.

Urbakterien: Eine seltene Art von Mikroorganismen, die mit Bakterien entfernt verwandt sind. Sie kommen auch im Darm vor.

Verdauungsorgane: Das sind alle Organe eines Menschen, die der Verdauung dienen: Mund (Zähne, Zunge, Speicheldrüsen), Speiseröhre, Magen, Dünndarm, Dickdarm, Leber, Gallenblase und Bauchspeicheldrüse.

Verstopfung: Manchmal wird die Kacke viel zu fest und hat keine Wurstform, sondern wird kugelig. Das passiert vor allem bei ungesunder Ernährung ohne Obst und Gemüse, und wenn man zu wenig trinkt.

Viren: Sie sind eine Art von Mikroorganismen und kommen überall vor – auch im Darm. Manche von ihnen können krank machen und dringen dabei in menschliche Körperzellen ein.

Schlussgag

Dein Hund und du haben ähnliche Darmbakterien. Das ist deshalb so, weil du mit deinem Hund ständig kuschelst und spielst. Bei jeder Berührung wandern Bakterien von deiner Hand, die du vorher im Mund hattest, zu deinem Haustier. Auch nascht dein Hund hin und wieder beim Essen mit, wodurch eure Bakterien ähnlich gefüttert werden.

Auflösung der Rätsel

Wer macht was im Darm? (S. 42)

Teste dein Wissen! (S. 56)

Buchstabensalat (S. 53)

R	W	O	I	B	N	V	T	D	S	K	Q	A	J	B	I	K	M	X	V
F	E	I	R	X	O	D	A	R	M	Z	O	T	T	E	N	A	A	X	I
A	K	K	E	R	M	A	N	S	I	A	Z	♥	P	A	D	A	G	O	O
U	V	!	N	I	E	U	K	V	N	R	P	U	D	E	L	R	E	Y	T
L	J	C	T	S	W	C	E	H	U	J	L	J	S	H	M	R	N	B	R
I	V	M	P	U	X	Y	Y	F	B	Y	A	Q	Z	Y	T	W	U	O	R
B	T	P	F	O	E	R	T	N	E	R	C	W	I	T	D	O	U	F	I
A	R	S	V	✿	A	Y	Z	S	W	K	T	W	J	G	S	D	V	T	K
K	A	Q	V	U	N	O	T	E	Y	C	O	Z	P	N	P	M	♥	S	C
T	M	Y	S	R	B	I	F	I	D	O	B	A	K	T	E	R	I	U	M
E	O	V	E	C	Z	W	H	Y	G	O	A	F	T	C	I	O	Q	V	K
R	V	A	B	H	K	S	X	X	N	V	C	V	J	R	S	L	O	N	D
I	Q	C	👁	P	M	L	B	N	T	U	I	R	O	K	E	D	H	E	R
E	R	T	S	N	K	R	D	R	L	N	L	✿	V	I	R	U	S	W	C
N	G	P	R	S	B	T	E	I	S	V	L	O	R	L	O	C	M	G	E
I	C	T	B	Q	F	I	R	M	I	C	U	T	E	S	E	P	B	D	Y
S	Y	U	T	N	J	P	R	G	Z	!	S	U	K	A	H	U	I	F	X
P	O	Z	A	M	A	J	U	K	U	Q	U	O	B	G	R	P	F	T	T
P	G	G	M	C	D	P	C	A	N	D	I	D	A	E	E	Y	A	N	D
A	M	♥	B	Y	R	U	S	F	S	A	W	L	N	D	X	Y	N	P	U

Was kommt am Ende raus? (S. 57)

Wer hat‘s gemacht?

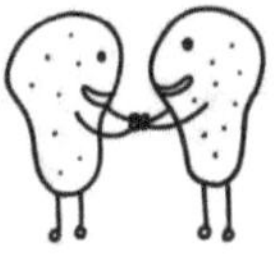

Text der Geschichte: Dr. med. univ. Elisabeth Orgler hat die spannende Geschichte der Darmheld:innen für alle Kinder erfunden. Sie befindet sich in der Facharztausbildung für Gastroenterologie und Hepatologie an der Ludwig-Maximilians-Universität München. Ihre Leidenschaft für das Mikrobiom spiegelt sich in ihrer Forschung wider und nun auch in ihrem ersten Kinderbuch.

Projektleitung: Mag. Sigrun Eder ist Mama von Zwillingen und leitete das Projekt der Darmheld:innen. Gemeinsam mit Nikolaus und Konstantin dachte sie sich die Mitmach-Seiten aus. Als Klinische Psychologin und Psychotherapeutin hat sie die Original „SOWAS!“-Buchreihe beim Verlag edition riedenburg gegründet (SOWAS-Buch.de) und ist deren ständige Projektleiterin.

Wissenschaftliche Berater: Dr. med. univ. Nikolaus Gasche ist Mediziner und Mit-Gründer von myBioma (mybioma.com), der wissenschaftlich fundierten Mikrobiom-Analyse für zu Hause. Die Faszination an den kleinen Held:innen im Darm begleitet ihn schon lange und deshalb möchte er sie mit allen Kindern teilen.

Dipl.-Ing. Konstantin Khoss ist Architekt und Mit-Gründer des Planungsbüros studiostark. Mit seiner Freude am visuellen Gestalten und am Umsetzen von Projekten unterstützt er Ideen wie die Darmheld:innen, um Kindern die beeindruckende Welt unseres Körpers näher zu bringen.

Illustrationen: Valerie Eccli, BSc beschäftigt sich als Grafikerin und Fotografin mit der Visualisierung und Umsetzung von gestalterischen Konzepten. Seit 2017 ist sie selbständig in Wien tätig. Mit Liebe zum Detail gibt Valerie den Darmheld:innen ihren optischen Auftritt.

BESTSELLER

WAS BRAUCHST DU?

Mit der Giraffensprache und Gewaltfreier Kommunikation Konflikte kindgerecht lösen

Ein Buch von
Hanna Grubhofer, Sigrun Eder
und Barbara Weingartshofer (Illustrationen)

Emil Erdmännchen möchte mit seiner Familie und seiner Freundin Carla Chamäleon einen Ausflug zum himmlisch duftenden Beerenstrauch machen. Doch Carla Chamäleon hat keine Lust, und Emil Erdmännchen versteht nicht, wieso. Bevor es zum Streit kommt, taucht Gino Giraffe auf. Was für ein Glück! Gino Giraffe erklärt Emil Erdmännchen und Carla Chamäleon ihre Bedürfnisse. Auch Mia Maus, Balduin Bär, Pedro Pfau, Martha Maulwurf und einige andere Tierkinder kommen sich mit dem, was sie brauchen, in die Quere. Gino Giraffe ist immer zur Stelle und zeigt ihnen, was genau für sie im Moment wichtig ist.

Das fröhlich illustrierte Bilder-Erzählbuch „Was brauchst du?“ im handlichen A5-Format unterstützt Kinder dabei, Gefühle und Bedürfnisse zu erkennen, um für jeden eine passende Lösung zu finden. Die Gewaltfreie Kommunikation (GFK) hilft dabei, Konflikte zu lösen.

Zahlreiche, auf gut beschreibbarem Papier gedruckte Mit-Mach-Seiten zum Malen, Aufschreiben und Reden im Anschluss an die Geschichte befähigen junge LeserInnen dazu, sich selbst und andere besser zu verstehen. Als Bonus-Material gibt es die Tiere und ihre Bedürfnisse zum Ausmalen und Ausschneiden. Auf Karton geklebt können Kinder so ihre eigenen Bedürfniskärtchen basteln und Lösungen für Konflikte finden.

Im (Internet-)Buchhandel und auf editionriedenburg.at • SOWAS-Buch.de

„Du bist ein Tollpatsch!", „Du bist ein Wirbelwind!", „Du bist ein Vergissmeinnicht!" – Sätze wie diese hört Lucca viel zu oft, und das macht keinen Spaß.

„Du hast ADHS. Dein Gehirn funktioniert anders als bei den meisten anderen Kindern", erklärt die Psychologin. Lucca hat einen Mangel an Botenstoffen, die für Motivation und Aufmerksamkeit im Gehirn zuständig sind.

Damit aus Lucca trotz ADHS-Turbo ein Kind mit ganz viel positiver Selbstwahrnehmung wird, braucht es den gezielten Blick auf die Stärken. „Du bist ein Löwen-Beschützer!", sagt Luccas Schwester. Und schon fallen ihm viele weitere Dinge ein, die er besonders gut kann. Das macht Lucca glücklich.

Im Buch „Supergut mit ADHS" lernen Kinder ab 6 Jahren durch Positive Psychologie, wie sie persönliche Ziele benennen und ihre Ressourcen aktivieren. Im Anschluss an die bunt illustrierte Geschichte liefern zahlreiche Mitmach-Seiten jede Menge supergute ADHS-Ideen.

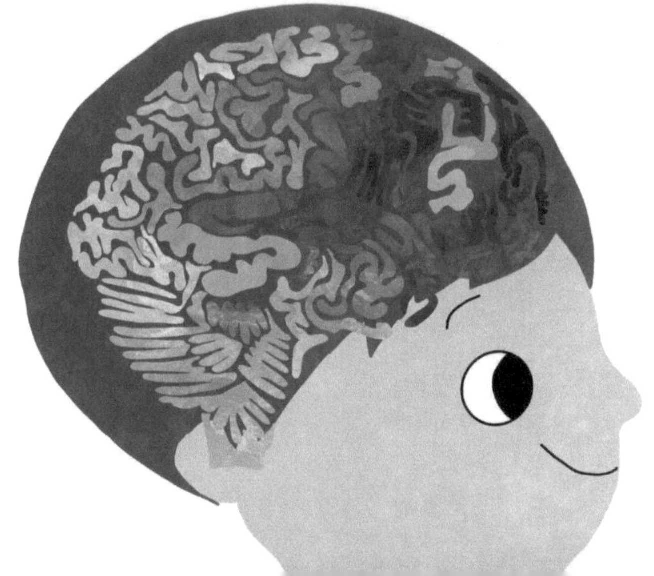

Überall im (Internet-)Buchhandel • editionriedenburg.at

Dein innerer Schatz – Durch Selbstbeobachtung und Reflexion die Persönlichkeitsentwicklung stärken

Hast du deinen inneren Schatz schon entdeckt? Er ist wertvoller als das tollste Gold der ganzen Welt! Man nennt ihn auch Persönlichkeit. Immer dann, wenn du deinen inneren Schatz klar vor Augen hast, schenkt er dir jede Menge Selbstvertrauen und Stabilität. Auf diese Weise erreichst du auch bei starkem Wellengang dein Ziel. Forme dein Selbstbild, beschreibe deine Fähigkeiten, erinnere dich an Erfolge und freunde dich mit deinen Macken an. Sie gehören zu dir wie Blubberblasen im Meer.

Erfolgreich in der Schule mit ADHS – Wirksame Strategien für bessere Selbstorganisation und Selbstregulation

Wie kann Max Gedanken, Gefühle und Verhalten besser wahrnehmen und steuern, damit in der Schule und zu Hause mit ADHS-Turbo alles einfacher wird? In diesem Buch lernen Kinder ab 6 Jahren, das eigene Handeln bewusster wahrzunehmen und gezielt dort anzusetzen, wo es nötig ist. Der individuelle Wochenplaner hilft, Pflichten und angenehme Aktivitäten im Blick zu haben. Das macht selbstwirksamer, selbstbewusster und das Leben schöner.

Schrumpf die Angst! Wie alle meine Probleme in eine Tasse passten und ich die Lebensfreude wiederfand.

Packt dich manchmal hinterrücks die Angst und lässt dich nicht mehr los? Sorgt sie für schlaflose Nächte und Panikattacken? Dann hast du bestimmt ein Angstproblem! In diesem Buch verraten wir dir, wie du die fiesen Plagegeister Zweifel, Unsicherheit, Angst und Panik verkleinern und sogar ganz loswerden kannst. So hast du mehr Zeit für Freund*innen und echten Spaß am Leben. Bonus-Material: „Schrumpf-die-Angst-immer-wieder-Karten“

SOWAS! Die erfolgreiche psychologische Kinder- und Jugendsachbuchreihe

SOWAS-Buch.de

Wir freuen uns, wenn du auch deiner Lieblingsbuchhandlung von uns erzählst!

Dein Verlag.
editionriedenburg.at